广州博物馆丛书·藏品系列

广州博物馆藏汉代模型明器

广州博物馆 编

SPM 南方传媒
广东人民出版社
·广州·

图书在版编目（CIP）数据

广州博物馆藏汉代模型明器 / 广州博物馆编．—广州：广东人民出版社，2022.12
（广州博物馆丛书．藏品系列）
ISBN 978-7-218-16279-9

Ⅰ．①广… Ⅱ．①广 Ⅲ．①明器—研究—广东—汉代 Ⅳ．① K878.94

中国版本图书馆 CIP 数据核字（2022）第 240769 号

GUANGZHOU BOWUGUAN CANG HANDAI MOXING MINGQI
广州博物馆藏汉代模型明器
广州博物馆 编

出 版 人：肖风华

责任编辑：赵 璐 周惊涛
责任技编：吴彦斌 周星奎
装帧设计：书窗工作室

出版发行：广东人民出版社
地 址：广州市越秀区大沙头四马路 10 号（邮政编码：510199）
电 话：（020）85716809（总编室）
传 真：（020）83289585
网 址：http://www.gdpph.com
印 刷：广州市人杰彩印厂
开 本：889 毫米 × 1194 毫米 1/16
印 张：18 字 数：277 千
版 次：2022 年 12 月第 1 版
印 次：2022 年 12 月第 1 次印刷
定 价：260.00 元

如发现印装质量问题，影响阅读，请与出版社（020-85716849）联系调换。
售书热线：（020）85716833

《广州博物馆丛书·藏品系列》之
《广州博物馆藏汉代模型明器》

总　序

PREFACE

广州博物馆是华南第一座公立博物馆，也是我国最早的具有现代意义的博物馆之一，现为国家一级博物馆。建馆90余年来，通过考古挖掘、捐赠、交换、调拨、购买等方式，广州博物馆汇集了各个历史时期的藏品13.5万件，涉及陶瓷、铜器、字画、玉器、漆器、木雕、牙角雕、纺织品、石器石刻、历代碑帖、清代民国特色典籍、民俗物品、老照片、化石及矿物标本等73类，是国内藏品年代完整、材质类型丰富的知名博物馆之一。这些藏品承载着丰富的历史文化信息，是先辈们留下来的宝贵遗产，也是历代博物馆人躬勤奋进的动力源泉。

藏品是博物馆实现收藏、研究、展示和教育四大功能的物质基础，是博物馆不断发展的坚实后盾。广州博物馆同仁一直秉承“学术立馆”的理念，薪火相传，扎实开展藏品征集、整理和研究工作，铢积寸累，不断将藏品信息和研究成果公之于众，与民共享。

每座城市都有集中展示其历史文化内涵的博物馆，博物馆是城市的文化符号，承载着历史变迁和城市记忆，凸显其独特的精神品质和文化品格。充分挖掘文物的历史、艺术、科技、人文价值，让沉睡在博物馆的文物“活”起来，走近大众，进而扩大博物馆的文化影响力和感召力，是城市博物馆的职责所在。而摸清家底，厘清藏品的数量、类别、特色与价值，是博物馆各项工作的基本前提。为此，我们以“文物见证历史、述说历史”为主题策划出版《广州博物馆丛书·藏品系列》，组建研究小组启动不同课题的藏品研究、出版工作，如容庚先生捐献青铜器、龙泉瓷、德化白瓷、青花瓷、佛造像、名人手札、历代书画、丝织品、明清古琴、汉代模型明器、石湾陶、广州彩瓷、纹章瓷、广式玻璃窗、广式家具、外销画……将博大精深的中华文明、古代科技艺术、岭南文化与人文精神多元呈现，让更多的民众在进馆看展、参与活动之余，也可随时静心品读，感悟中华优秀传统文化和先人的智慧、创意。

在中华民族伟大复兴的道路上，广州博物馆人将勇挑重担、砥砺奋进，努力将广州博物馆建设成为立足广州、辐射湾区、面向世界的世界一流博物馆，成为粤港澳大湾区的文化标杆，为推动广州实现老城市新活力、发挥粤港澳大湾区核心引擎功能、建设“一带一路”重要枢纽城市发挥重要作用。千里之行，始于足下，我们希冀借助藏品研究、出版项目，继承弘扬前辈们严谨、踏实的学术作风和求索、开拓的专业精神，在各自的岗位上为中华优秀传统文化的创造性转化、创新性发展做出自己应有的贡献。

目　录

CONTENTS

廣州博物館
GUANGZHOU MUSEUM

广州博物馆丛书·藏品系列

广州博物馆藏汉代模型明器

概 述

OVERVIEW

汉代模型明器是广州博物馆重要的一类反映地方历史文化的藏品，主要来源于20世纪50年代以来广州地区的考古发掘，少数来源于广州市文物管理委员会移交和接受捐赠。这批藏品基本上是陶器，包括各种类型的屋、井、灶、水田模型、船、人物俑、动物俑等，总数为286件（套）。分类描述如下：

一、建筑类

包括干栏式陶屋10件、曲尺式陶屋16件、三合式陶屋10件、楼阁式陶屋6件、陶仓（囷）36件、坞堡2件。它们作为直观、立体的建筑形式，和河南、山东、四川等地出土的画像砖（石）等相互印证，是我们了解、研究汉代建筑的主要资料。当然，建筑明器也有很大的局限性。正如周学鹰所说：“建筑明器应该也是早期墓葬中描绘有建筑形象的建筑物的实物化，是利用缩小了的物质化随葬品——建筑模型，来表现人们的思想观念。……同时，我们也应该认识到，由于受到使用材料、制作水平、利用工具、经济能力以及思想观念（包括艺术思想）等方面的限制，建筑明器本身也只是对实际建筑物较为逼真的模仿，并带有一定程度的抽象，其实际的模拟程度也是各不相同的。”[①]广州博物馆藏的这批建筑模型明器以住宅类和仓储类为主，和居民生活紧密相连，外型和布局也是充分模仿现实建筑，尽可能地表现屋顶形式、房间布局、门窗样式、院落等方面的情况。有的陶屋还在墙面刻划类似梁柱、斗拱的图，以展示当时建筑的内部情况。

把家居陶屋分为干栏式、曲尺式、三合式、楼阁式四大类型，是延续并综合了前辈学者的研究。《广州出土汉代陶屋》将陶屋类型分为栅居式、曲尺式、三合式、楼阁式和陶城堡。[②]栅居式是指下层养殖动物、上层居人的建筑形式，后来研究者认为用干栏式命名比栅居式更能体现这类陶屋的特点，因此我们采用干栏式的命名。《广州汉墓》把出土的东汉前期陶屋类型分为干栏式、曲尺式、楼阁式，并对其结构造型作了介绍。[③]《中国古代建筑史》把广州汉墓出土的建筑类明器命名为干栏式住宅、三合式住宅、曲尺形住宅、日字形平面住宅、坞堡等。[④]我们结合平面布局和建筑结构考虑，综合各家之言将住宅分为干栏式、曲尺式、三合式、楼阁式四大类型，另把坞堡单列成节，再依据考古报告按墓葬的时间顺序进行排列。

陶屋的各类装饰除了体现汉代广州地区的建筑风格外，还直接反映了当时的审美情趣、民情风俗等。我们所见的陶屋屋顶、墙面、门窗等多采用塑造、刻划或者镂空的方式进行装饰，以方形、三角形、菱形等几何纹饰为主。还有一些比较特殊的装饰，如铺首、凤鸟、人物形象等，与当时中原地区的建筑风格和居住习俗向岭南传播有关系。

铺首纹饰的起源很早，二里头文化中的陶器、殷墟中的青铜器上均有发现。汉代中原地区已流行在门扇上使用铺首衔环的纹饰，《说文解字》记载："铺首，附著门上，用以衔环者。"广州博物馆藏陶屋、陶仓中均可见到类似的铺首衔环纹饰。

陶屋中的奔马纹饰（见P22图9）、持剑人物像（见P33图15）可能是屋上所贴的门神，显然是受到中原地区张贴门神风俗的影响。中国古代的门神经历了从图腾、桃木牌到人物形象的转变，从自然形态到人文形态、从物格化到人格化的过程。[⑤]广州博物馆藏的两件陶屋反映了中原居住习俗向南疆的传播，是在政治统一背景下文化多元互鉴的见证物。

二、生产生活类

包括陶灶26件、陶井28件、陶水田1件、陶船3件。

陶灶模型包括西汉时期7件、东汉时期19件，有灰陶质和红陶质两种，多为长方箱状，灶前伸出有地台，灶门有拱形、方形及敞开形等多种；灶后有烟突，形制包括龙首形、扁平形、圆筒形等。灶上开火眼二至三个，火眼上放置有釜、甑、罐等。东汉时期的陶灶造型愈加丰富，灶前或灶身处多捏造有人俑和动物俑，如人俑作扇火或添薪状，狗一般蹲坐于旁，充分展现出人与狗之间的亲密关系。有的陶灶在灶体两侧附设水缸，旁有人俑作取水姿势，也反映出汉代广州人利用火膛的温度来温水、充分利用热能的智慧。陶灶纹饰以方格纹、网纹为主，亦有在灶门旁或灶身刻划猫犬纹、龙纹之类的。

陶井模型包括西汉时期8件、东汉时期20件，多为圆形井，仅两件陶井为方形。这批陶井多带井亭，其中亭柱应为木制，均已朽坏不存。井亭盖或为四阿顶，或为攒尖顶，有的还在顶部塑造鸱尾、凤鸟等。该批陶井造型具有岭南特色，包括设井亭防止落叶、鸟粪等溅落；井栏高，不设井架和轱辘，其原因可能在于岭南地区水位高，井不深，无需辅助汲水设备。陶井的纹饰以刻划水波纹、菱格纹、曲折纹、鱼鳞纹等为主，偶见拍印小方格纹、戳印的圆圈纹。

陶船模型是岭南汉墓中独特的模型明器。据不完全统计，广州地区汉墓出土汉代船模22件，是当时岭南地区造船业与水运发达的见证。广州博物馆所藏的3件陶船模型，均为东汉时期墓葬出土，2件为红陶质，1件为灰陶质。3件陶船结构上的共同点是首尾狭、中部宽，首尾高、中部低平，中间有横担结构，两舷设瞰板，与中原水流平缓地区的平底船有明显不同，已具有海船的部分特征。其中一艘1954年先烈路红花岗出土的红陶船结构身短而宽，适宜在一般浅窄河道上行驶，应属于内河货艇。1955年先烈路十九路军坟场出土的灰陶船结构比较复杂，前有锚后有舵，中间有梁担，两舷有瞰板，分多个舱，部分舱上加盖篷，明显是客货两用的船。船上共有6个俑，按照这些人的身高比例推算，这艘陶船模型所仿照的船大约有20米长、5米高。从造船技术来看，广州博物馆藏的陶船模型有几个突出的特点：一是船体中间有横担结构，可加强船的坚固性，也许还是早期中国造船使用水密舱的雏形。二是船的两舷设置了瞰板，不仅可以用作撑篙船员的通道，还可增加船的浮力。三是船尾部装设了舵，其作用在于控制船的方向。可推测该时期广州地区的船舶已使用风帆作为动力，超越了以人工用桨和橹为主要动力的方式。该船的出土证实了中国早在汉代就发明和实际使用了船尾舵，早于欧洲1000余年。舵的发明和使用，是我国在造船和航海技术方面的重大成就，对世界航海事业的发展有不容忽视的影响。

三、人物类

包括劳作俑17件、乐舞俑8件、托灯俑14件。劳作俑均出土于东汉墓葬。东汉时期，从事各类劳动的劳作俑，展示吹奏乐器、歌舞、杂耍的娱乐俑，以及托灯俑成为主要陪葬俑。劳作俑中有舂米、持箕、执帚、提鞋、执镜、持扇等，亦有哺乳、背儿、携童等形象。乐舞俑着盛装，或抚琴、或击掌、或站立舞蹈，形态各异，面部表情刻划逼真，服饰繁杂，可作为音乐史或服饰史的重要材料。托灯胡人俑是岭南地区有特色的陪葬明器，从身体特征来看，多深目高鼻，应为从海外来的胡人形象，其来源于南洋、印度，甚至可能为非洲东海岸；也反映了广州在汉代尤其是东汉时期海上丝绸之路贸易的情况。

四、动物类

包括牛俑10件、狗俑2件、猪俑6件、羊俑4件、鸡俑9件、鸭俑11件、鹅俑3件、陶牛车1件、陶牛羊圈1件，时间从西汉前期到东汉后期。动物俑在广州汉墓中作为陪葬物品十分常见。目前考古发现的两汉墓中，有牛（水牛、黄牛）、猪、羊、狗、马、鸡、鸭、鹅等，多为陶质，极少数为木质。在当时岭南文字记载较少的情况下，这些出土的动物俑为我们研究汉代广州农业发展情况提供了极其重要的资料。

商周时期中原地区形成了以马、牛、羊、鸡、狗、猪组成的“六畜”观念，圈养和放牧两种家畜养殖的形式也已成熟。广州汉墓出土的动物俑自西汉后期至东汉逐渐增多，对比中原地区，广州地区汉墓出土的动物俑陶俑多木俑少，种类因地制宜，马少鸭鹅多。汉代广州地区的养殖业比较发达，并具有自己的特点，主要表现在养殖禽兽类别齐全、多为圈养等。可见广州既受到中原农业技术的影响，养殖六畜又因地制宜，在养殖方式上以圈养为主，鸭、鹅具有较大的规模，而较少养马。

五、附录部分的藏品

附录部分60余件藏品大部分来自20世纪七八十年代广州市文物管理委员会的调

拨和热心市民捐赠，包括陶犀角1件（出土）、陶象牙1件（出土）、陶人俑10件、陶动物俑32件、陶圈栏4件、陶建筑3件、陶粮食加工工具及储藏器具8件、陶井3件。该批藏品之所以放在附录中，是因为其中大多数没有明确的出土地点和时间，且多带有铅绿釉，与广州汉墓中出土的模型明器有明显区别，其中还有些样式是广州汉墓中未曾出现的，应为中国其他地区出土。这些藏品可以与广州汉墓出土的文物相互佐证，更加全面地反映汉代的社会生活面貌。

广州博物馆所藏的这批汉代模型明器，组成了一整套比较完整的组合明器，体现了汉代陪葬器物由周代的以礼器为主转向生活用器及其模型类器物。故从西汉中后期开始，陪葬器物多以生活用器及家居建筑、仆从的模型明器为主，刻意模仿豪贵阶层生前的生活方式。[6]其背后反映了“事死如事生”的丧葬观念、追求长生的观念与修仙思想的变迁等，余英时、蒲慕州、巫鸿等学者早已论述[7]，值得我们在研究汉代模型明器时结合社会思想变迁去考察。

这批模型明器主要来源于20世纪50年代至70年代广州地区的考古发掘，是广州50年代以来的重要考古成果，也是博物馆人多年来精心保管、保护的结果。广州地区的秦汉考古工作开展较早，早在30年代，依托市立广州博物院成立的黄花考古学院，就先后对东山大墓等进行了考古探查。1951年12月27日，广州市文物管理委员会成立，开始了田野考古工作。50年代广州市文物管理委员会先后在西村石头岗、先烈路龙生岗、小北登峰路、小北横枝岗、北郊桂花岗、西村皇帝岗、大元岗等发掘汉墓150余座。该批模型明器大部分是从上述汉墓中出土的。移交给广州博物馆后，广州博物馆工作人员对这批藏品进行了精心保管，因时代的影响，库房地址屡次变化，先后辗转广州越秀、白云多个库房，以及连平后方仓库，历经多次搬迁仍保管良好。这批模型明器所记载的是广州地区在汉代农业文明时期的生产生活方式，具体包括住宅的样式、生产生活的用具、劳作的方式、牲畜家禽的养殖等，是汉代岭南人居家环境与生活状态的实物表达。在缺少汉代文献资料的背景下，其重要性尤显突出。我们今日所见一件件文物能够展出、拍照、整理编辑成书，正是广州历代文博人带着历史责任感、重视考古、珍视文物的结果。本书内容编辑具体分工如下：宋平负责概述和第一章第一、二、三、四、六节，边晶晶负责第一章第五节、第三章、第四章，席菊芬负责第二章第一、四节，叶伟华负责第二章第二、三节。

另外要特别说明的是，在书稿编辑过程中得到了广州市文物考古研究院院长易西兵研究馆员的细致指导，特此致谢！本书除了文物说明等参考了前人的研究成果外，线描图主要来自《广州汉墓》这本鸿著。谨向广州的文博前辈致敬！

注释

① 周学鹰：《汉代建筑明器探源》，《中原文物》2003年第3期。

② 广州市文物管理委员会编：《广州出土汉代陶屋》，文物出版社，1958年，第1页。

③ 中国社会科学院考古研究所、广州市文物管理委员会、广州市博物馆编：《广州汉墓》，文物出版社，1981年，第330—338页。

④ 刘敦桢主编：《中国古代建筑史》（第二版），中国建筑工业出版社，1984年，第50—52页。

⑤ 向静：《门神的起源与流变——基于民俗文化生态下的门神造型研究》，《民族艺术研究》2011年第6期。

⑥ 参见俞伟超：《汉代诸侯王与列侯墓葬的形制分析——兼论"周制"、"汉制"与"晋制"的三阶段性》，载氏著：《先秦两汉考古学论集》，文物出版社，1985年，第117—124页；韩国河：《秦汉魏晋丧葬制度研究》，陕西人民出版社，1999年，第181—183页；武玮：《汉代模型明器所见的丧葬观念》，《中原文物》2014年第4期。

⑦ 参见余英时著，何俊编，侯旭东等译：《东汉生死观》，上海古籍出版社，2005年；蒲慕州：《墓葬与生死——中国古代宗教之省思》，中华书局，2008年，第201—207页；巫鸿著，施杰译：《黄泉下的美术——宏观中国古代墓葬》，生活·读书·新知三联书店，2010年，第31—34页。

图版

PLATES

第一章

建筑

第一节　干栏式陶屋

干栏式房屋是人类早期建筑形式之一。南方地区天气湿热，蛇虫多，干栏式房屋通风透气性能好，十分适合人类居住。另外南方地区木材丰富，也是其出现和发展的因素。《中国古代建筑史》认为："在温暖潮湿的南方，房屋多采取南向或东南向，以接受夏季凉爽的海风，或在房屋下部用架空的干阑式构造，流通空气，减少潮湿。"[①]广州博物馆所藏的干栏式陶屋模型正体现了这种建筑形式的特点。

广州地区出土的干栏式陶屋多烧制于西汉中期至东汉前期，分上下两层烧造，胎质有红陶和灰陶两种，红陶较软，灰陶为硬质且多有施釉痕迹，但釉不稳定，大多已脱落。其基本结构是上层为长方形屋，下层为正方形院落，搭配成带院的双层陶屋，下层作为养殖牲畜之圈，上层住人。还有一种是上层曲尺形，由一大一小两个房间组成，大房间作为人居所，小房间为厕所；下层正方形院落多为猪圈。这两种结构布局被麦英豪先生等称为"一字干栏"和"曲尺干栏"[②]，曲尺干栏式的陶屋是西汉后期才出现，明显是在一字干栏式陶屋的基础上发展起来的。

干栏式陶屋的正墙常见刻划或镂空菱形纹、竖条纹、X交叉纹等几何纹的窗户，门扇上偶见铺首纹，侧墙刻划表现梁柱结构的纹饰。广州博物馆藏1953年龙生岗出土的西汉后期干栏式陶屋（见P16图6）纹饰颇有特色，下层正面和左侧面镂空牵手舞蹈人物。另外，镂空联格菱形窗也常见，在加大通风透气性的同时，也体现了古人的审美。

干栏式建筑在南方地区运用广泛，其模型在出土文物中多有发现。云南、贵州、四川、湖南、湖北、广东、广西的汉墓中皆有出土，浙江、福建亦有发现。唐代段成式的《酉阳杂俎》记载干栏建筑云："人居楼，梯而上，名为干栏。"[③]唐代杜佑所编的《通典》"边防三·南蛮·南平蛮"亦记载："人并楼居，登梯而上，号为'干栏'。"[④]新旧《唐书》均引用此条说明南方山区所谓"蛮"地区的建筑形式。宋代周去非的《岭外代答》也详细描述了这种干栏式建筑的居住方式，颇有参考价值："深广之民，结栅以居，上施茅屋，下豢牛豕。栅上编竹为栈，不施椅桌床榻，唯有一牛皮为裀席，寝食于斯。牛豕之秽，升闻于栈罅之间，不可向迩。"[⑤]由此我们可以推测，出土陶屋常见刻划菱形纹饰，可能是竹编席的特点。明清时期的记载亦如此形容，如《大明一统志》"广东布政司·高州府·风俗"记载："悉以高栏为居，号曰干栏。"[⑥]到20世纪，南方部分山区仍可见此类建筑，如傣族的"竹楼"、土家族的"吊脚楼"等，均为干栏式建筑，足见这种建筑形式因适应南方气候和生活方式而具有长久生命力。

① 刘敦桢主编：《中国古代建筑史》（第二版），中国建筑工业出版社，1984年，第1页。

② 麦英豪、黎金：《汉代的番禺——广州秦汉考古举要》，载广州市文物考古研究所编：《广州文物考古集：广州考古五十年文选》，广州出版社，2003年，第49页。

③（唐）段成式撰，许逸民校笺：《酉阳杂俎校笺》，中华书局，2015年。

④（唐）杜佑编：《通典》卷187，中华书局，1988年，第5048页。

⑤（宋）周去非：《岭外代答》卷4《巢居》，《中国风土志丛刊》，广陵书社，2003年，第131页。

⑥《大明一统志》卷81《广东布政司·高州府·风俗》，《文渊阁四库全书》本，上海古籍出版社影印本，第473册，第716页。

1

干栏式陶屋　西汉中期

长28.5厘米　宽22厘米　高24厘米
1958年西村冷冻厂出土

灰陶质。分上下两层烧制。上层为长方形屋，悬山顶，方形门；下层为院落，开Ω形窦洞。上下层墙面刻划有显示房屋梁柱结构的方格纹。

正视

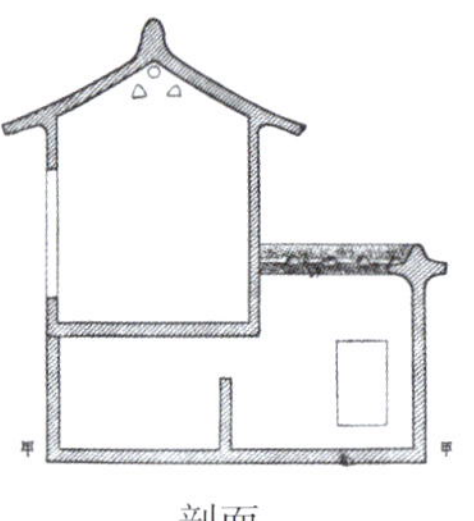

剖面

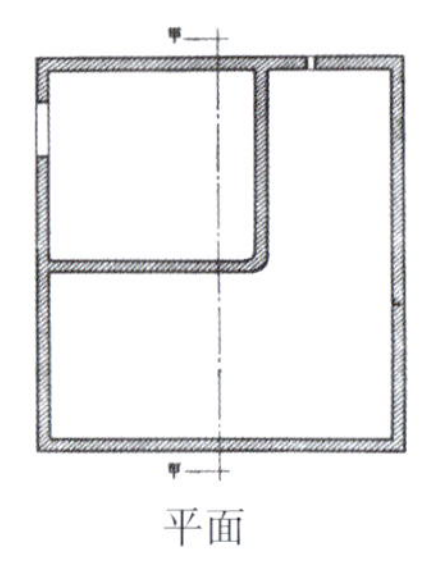

平面

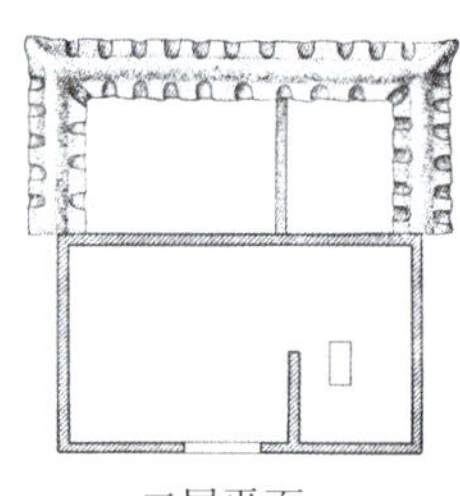

二层平面

2

干栏式陶屋　西汉中期

长25.1厘米　宽26.5厘米　高31厘米
1953年西村石头岗出土

灰陶质。分上下两层烧制。上层悬山顶，房顶下侧墙每边顶部各镂空三个三角形洞；正面开长方形门，镂空菱形窗和竖长方形窗。下层院落正面有“Ω”形窦洞，侧面有方形小门。

3

干栏式陶屋　西汉后期

长27厘米　宽28厘米　高30厘米
1955年小港路大元岗出土

灰陶质。分上下两层烧制。上层悬山顶，方形门，带贴塑铺首，门旁镂空“X”形窗。下层院落正面显示干栏式结构，背面墙开两个“Ω”形窦洞。屋顶和墙面有带釉痕迹，但已大多脱落。

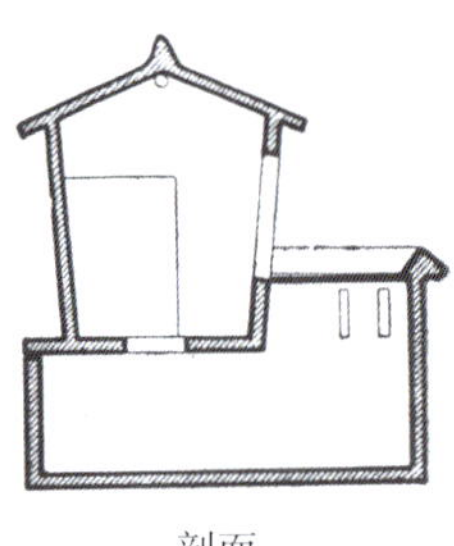

剖面

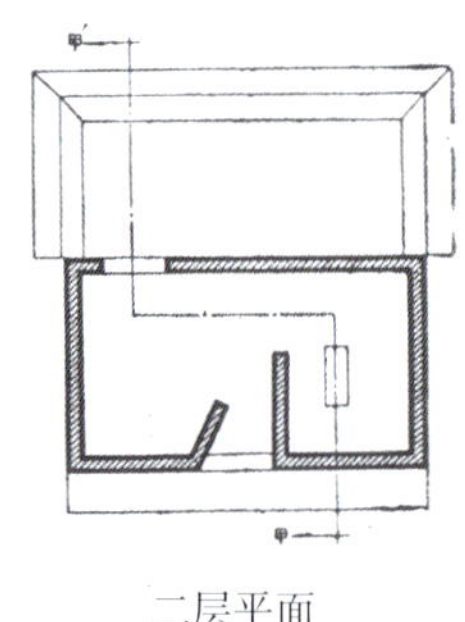

二层平面

4

干栏式陶屋　西汉后期

长23厘米　宽20厘米　高26厘米
1955年小港路大元岗出土

红陶质。分上下两层烧制。上层正面和背面均开方形门、竖长方形窗。下层正面开三个圆形洞，背面开Ω形窦洞。正反面墙通体刻有菱形纹等装饰。

5

干栏式陶屋　西汉后期

长24.5厘米　宽21.3厘米　高27.5厘米
1955年小港路大元岗出土

灰陶质。分上下两层烧制，另有一件红陶质梯。上层悬山顶，顶下两侧均开两个三角形孔。正面开方形门、竖长方形窗，上层底部开一圆形孔。墙面通体刻划显示房屋梁柱结构的纹饰。

6

干栏式陶屋　西汉后期

长25厘米　宽22.2厘米　高30.5厘米
1953年先烈路龙生岗出土

灰陶质。分上下两层烧制。有施釉痕。悬山顶重檐。上层呈曲尺形，由一大一小两个长方形房间组成。上层正面开方形门，镂空竖长方形窗和菱形窗；侧面小房间面向院落开一方形窗。下层正面和左侧面镂空牵手舞蹈人物。后边院落开有窦洞。墙面通体刻划显示房屋梁柱结构的纹饰。

正视

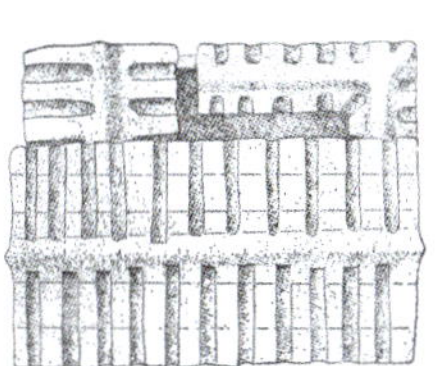

俯视

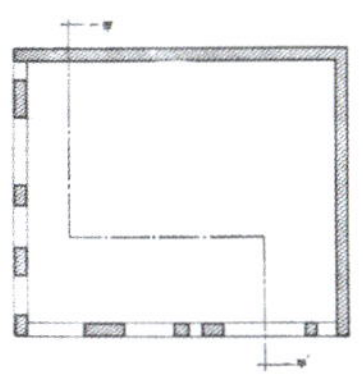

底层平面

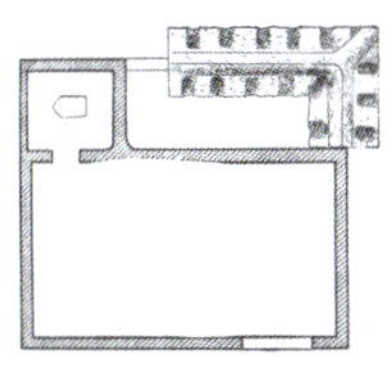

二层平面

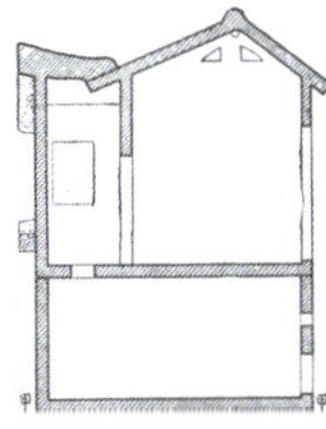

二层平面 剖面

7

干栏式陶屋　西汉后期

长29.5厘米　宽25厘米　高36.5厘米
1954年南石头纸厂出土

灰陶质。分上下两层烧制。有施釉痕。悬山顶。陶屋上层红陶质，下层灰陶质。上层正面开方形门，镂空竖长方形窗；背面亦有镂空竖长方形窗，墙面刻划菱形等几何纹。两侧墙面刻划呈现梁柱结构的纹饰。上层屋内有一人俑。底部开一长方形孔。下层院落呈长方形，带屋檐，开Ω形窦洞。

8

干栏式陶屋　东汉前期

长27.5厘米　宽27厘米　高31厘米
1956年先烈路龙生岗出土

灰陶质。分上下两层烧制。有施釉痕。悬山顶。上层有两房，呈曲尺式，大房为正房，小房为厕所。正面开方形门及Ω形窦洞，镂空竖方形窗，墙面刻菱形纹。上层侧面镂空菱形窗。下层分别镂空有不规则几何形、竖长方形、菱形等，并在背面开Ω形窦洞。

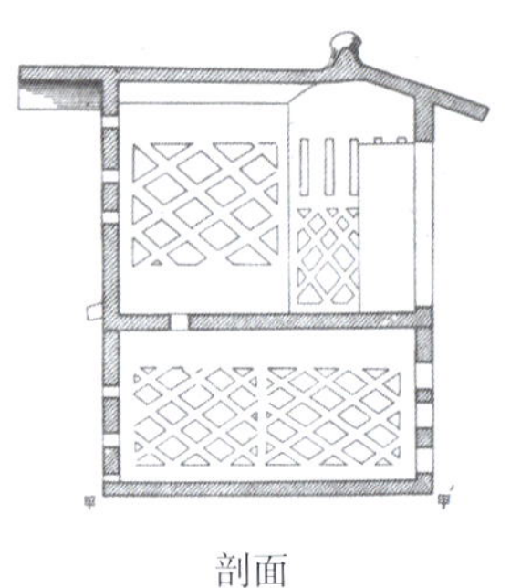

剖面

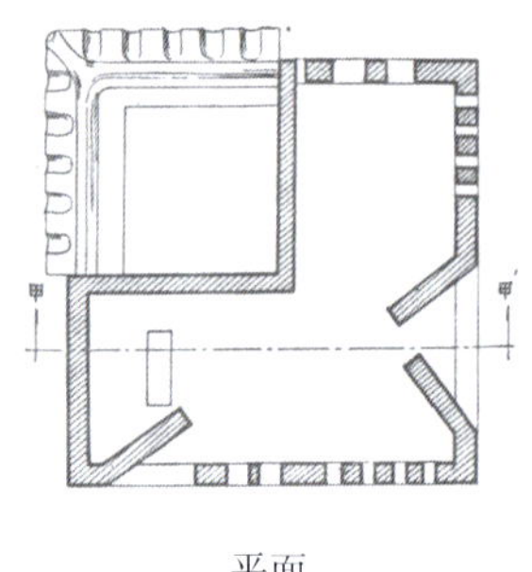

平面

拓片

9

干栏式陶屋　东汉前期

长32.1厘米　宽32.6厘米　高30.1厘米
1953年先烈路龙生岗出土

灰陶质。通体施釉。悬山顶，脊头有突起装饰。上层由两个房间组成，呈曲尺状；正面门为双开，带门扇，其上刻两匹奔马。下层开联格菱形孔，后院开Ω形窦洞。

剖面

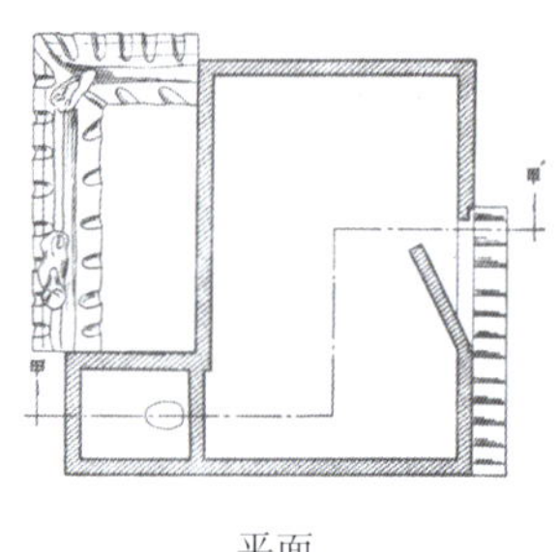

平面

10

干栏式陶屋　东汉前期

长26.5厘米　宽22厘米　高32厘米
1956年先烈路龙生岗出土

红陶质。分上下两层烧制。正面上层开方形门洞，并带有刻划一兽面的门扇。下层有斜梯通往门口。右侧窦洞口，塑造一胖胖的猪俑躺卧于旁，憨态可掬；后院墙上，两只鸡正卧于瓦面休憩。墙面镂空多格菱形、长方形等多种形状的窗，并刻划四方形、菱形等多种纹饰作为装饰。

11

曲尺式陶屋　西汉后期

长28厘米　宽27.5厘米　高25厘米
1955年小港路大元岗出土

灰陶质。通体施黄釉。整体布局为曲尺形状。悬山式顶，脊头上翘，中间有微微突出的元宝形饰物，中间脊头下有兽面瓦装饰。正面开方形门洞，并带半开的门扇，镂空菱形和长方形窗，墙面刻划菱形纹。侧面开Ω形窦洞。

12

曲尺式陶屋　西汉后期

长25.6厘米　宽25.5厘米　高27.3厘米
1958年登峰路游鱼岗出土

灰陶质。分上下两层烧制。悬山顶。上层分两个房间，均开方形门洞，并向院落开方形窗。窗户为菱形和长方形，墙面刻划菱形纹和显示梁柱结构的条纹。下层院落开Ω形窦洞，院内有猪俑一件。

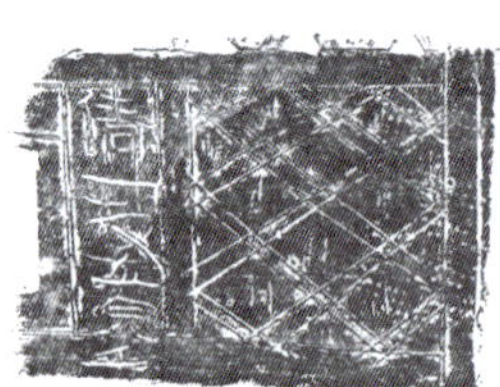

拓片

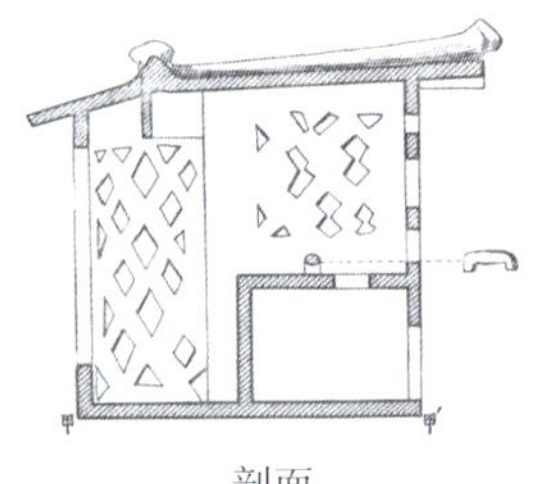

剖面

平面

13

曲尺式陶屋　东汉前期

长20厘米　宽20厘米　高22.5厘米

1956年小港路大元岗出土

灰陶质。通体有施釉痕。悬山顶，脊头突起。正面开方形门和菱形、长方形窗户。右侧面开方形门和双联菱形窗户，并在墙面刻划菱形纹，门边刻有“倩封墓”三字。这是目前所见广州地区唯一刻有墓主名字的汉代出土陶屋。背面开Ω形窦洞，院墙镂空凸形窗。

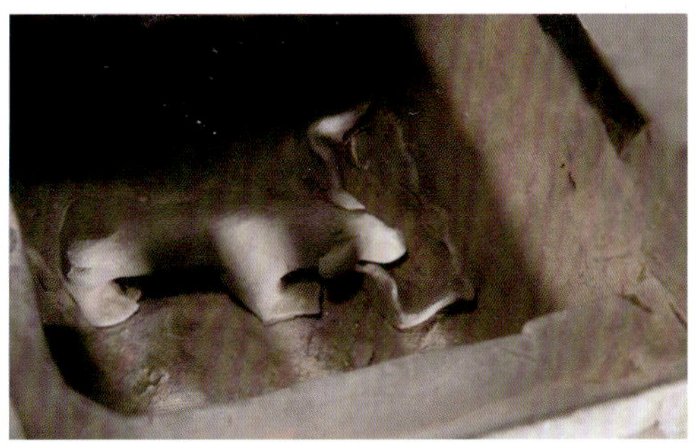

14

曲尺式陶屋　东汉前期

长19厘米　宽18.5厘米　高19厘米
1955年华南医学院出土

灰陶质。通体有施釉痕。悬山顶。正面和右侧面均开方形门洞和菱形窗，内有两人正在舂米。后面院落墙开Ω形窦洞，一猪在食槽作进食状。

15

曲尺式陶屋　东汉前期

长28厘米　宽28厘米　高23.2厘米
1957年西村水厂路皇帝岗出土

灰陶质。双层。通体施青黄釉。悬山顶。屋内共塑造人俑五个，四人在正面屋内，一人舂米，一人扫地，两人分别端坐于正门和侧门，还有一人倚于二楼窗户上，探头看着院子里的猪。院落内的猪圈有三个猪俑，两个猪俑分别在一个长方形的猪槽和一个圆形的猪槽前，另一个猪俑趴在围墙上的洞口向外张望。墙面刻划和镂雕有三角纹、树叶纹、网格纹、菱形纹等。为表现房屋的高大和内部结构，制作者还刻划了栋梁的结构，并可见榫卯的连接方式。

陶屋侧门边墙刻有一个人物，五官清晰，长须长发，双手按剑于胸前，背有长矛和箭，为武士形象。岭南地区至晚在东汉时期应该已受到中原地区张贴门神风俗的影响，这件陶屋提供了证据。

17

曲尺式陶望楼　东汉前期

长20厘米　宽16.5厘米　高27.8厘米
1957年西村水厂路皇帝岗出土

灰陶质。庑殿顶和悬山顶式重檐，前侧和左侧有廊，后有院，上层望楼前后开窗，内坐一人。

18

曲尺式陶屋　东汉前期

长25厘米　宽22.5厘米　高24厘米
1955年小港路大元岗出土

灰陶质。悬山顶。正面开方形门洞，门口两人相互作揖，屋内另有两个人正在劳作。后面小院为猪圈，两个猪俑正在猪槽旁。墙面刻划菱形纹、三角纹等装饰。

19

曲尺式陶屋　东汉后期

长30厘米　宽26厘米　高26.5厘米
1953年先烈路龙生岗出土

红陶质。悬山顶。整体呈平齐曲尺形，正侧面两屋连通，均开方形门洞及多种形状的窗，十分通透。屋内有两个人，一跪坐，一倚门而立。后面有一栅栏围住的小院落。

20

曲尺式陶屋　东汉后期

长25厘米　宽21厘米　高23厘米
1955年沙河茶亭出土

红陶质。悬山顶，屋脊上翘。由一大一小两个房间组成曲尺形状。正面开方形门洞和竖长方形窗，一人俑立于门口。背面院落内有一人、一只猪和一个食槽，显示人正在喂猪的状态。墙面镂空显示斗拱结构的开窗，并刻划梁柱结构的纹饰。

21

曲尺式陶屋　东汉后期

长23厘米　宽18厘米　高21.8厘米
1954年金沙路凤凰岗出土

灰陶质，整体曲尺形，屋顶上下错落，大房为悬山式顶，侧面小房半为单坡式顶，半为悬山顶。正面分别开有方形门洞、菱形窗和竖长方形窗，及一个“凸”字形窦洞；右下角塑造两个探头出洞的小猪形象，生动有趣。屋内有一正在舂米的人俑。侧面小房一边凌空为干栏状，这或许反映了汉代厕所堆肥的情况。

正视

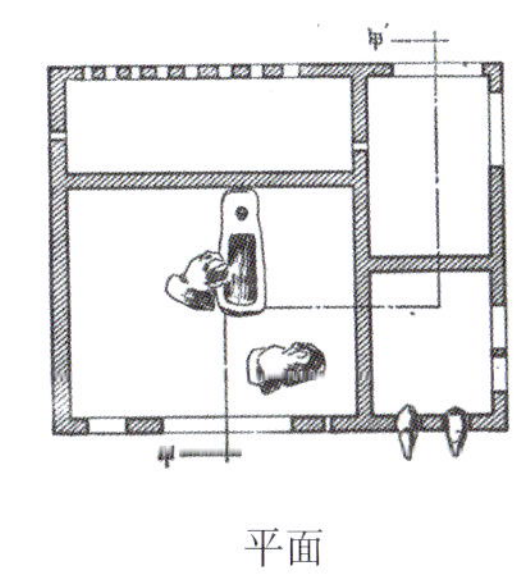
平面

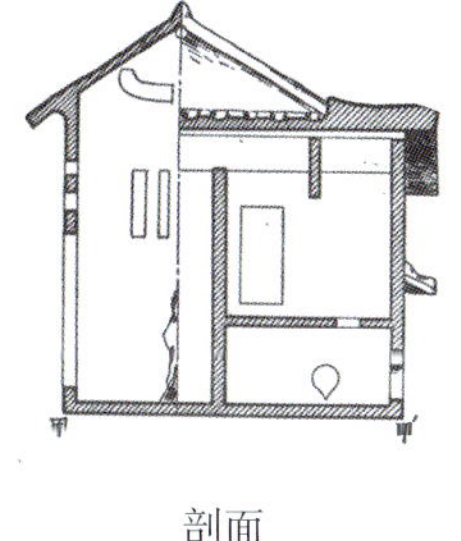
剖面

22

曲尺式陶屋　东汉后期

长20厘米　宽19厘米　高22.1厘米
1956年先烈路惠州坟场出土

灰陶质。有施釉痕。悬山顶，脊头突出。正面开方形门洞及多格菱形窗，一人立于门后。后面院落开Ω形窦洞，内有一猪躺卧。

23

曲尺式陶屋　东汉后期

长17厘米　宽16.5厘米　高20.2厘米
1957年先烈路十九路军坟场附近出土

红陶质。悬山顶。檐下开凸形洞，结合刻划的纹饰，展示房屋的斗拱结构。正面开方形门洞和Ω形窦洞，镂空多格菱形窗等。后面院落亦开Ω形窦洞。

24

曲尺式陶屋　东汉后期

长20.6厘米　宽21厘米　高22.7厘米
1954年先烈路红花岗出土

灰陶质。有施釉痕。悬山顶，脊头突出。正面开方形门洞，正面墙和侧面墙均开联格菱形和三角形组成的大窗。后面院楼开Ω形窦洞。

25

曲尺式陶屋　东汉后期

长21厘米　宽18.3厘米　高18.3厘米
1956年先烈路惠州坟场出土

灰陶质。有施釉痕。悬山顶，脊线高出，并有装饰物。正面开方形门洞，两角开窦洞，墙面刻划几何纹饰。后院为养殖禽畜之地，院墙顶塑造一陶鹅，院内有猪食槽。

左侧视

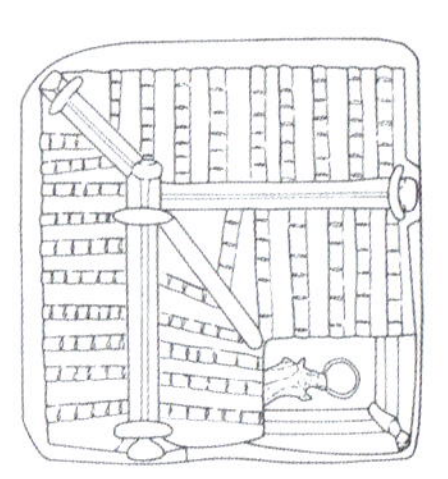
俯视

右侧视

前视

后视

26

曲尺式陶屋　东汉

长26.5厘米　宽26.5厘米　高24.2厘米
2001年番禺南村镇员岗出土

红陶质。屋顶脊尖突起，并有弯曲扁状装饰物。正面开方形门及多种三角形窗，门洞上方有对称突出，并开圆孔，疑作门轴用，可推测为双扇门；门口立有一人；左下角开Ω形窦洞，一犬正钻出。右侧门旁一人持扫把。后面院落的猪圈中，一只猪正在圆形食槽前进食。

第三节　三合式陶屋

三合式陶屋模型主要是在东汉时期的墓葬发现，由前堂和左右两个室组成，形成凹字形，后砌矮墙围成一个院落。广州博物馆收藏有10件三合式陶屋，5件为红陶质，5件为灰陶质。灰陶质的陶屋质地比较硬，多有施釉痕迹。

三合式陶屋通常由3个房间加后院组成，前堂高出，两侧房略低，有主次之分，屋顶多采用悬山式顶。前堂多为起居室或用作接待，侧房通常一边为羊圈，一边为厕所。也有结构更复杂的三合式陶屋，带前廊和边廊，或者附有更多的房间。一件1972年西村克山出土的陶屋（见P51图27）正堂两边还各附一间较小的杂房，可作为鸡笼或狗舍，共计有5个房间。三合式陶屋的布局和房间能够基本满足时人居住和养殖牲畜的需要，足不出户可上厕所、照看保护牲畜家禽。

三合式陶屋的纹饰和干栏式、曲尺式陶屋的纹饰十分类似，基本上以菱形、三角形等几何纹饰和显示房屋结构的横竖条纹组成。

三合式陶屋讲究对称布局，更加规整，房间较多，并专门安排了猪羊圈和厕所，和人住的房间隔离，有利于改善卫生条件，反映东汉时期岭南地区的建筑设计更加人性化。

27

三合式陶屋　东汉前期

长31厘米　宽31厘米　高23厘米
1972年西村克山出土

红陶质。悬山顶和单坡顶结合。正面开一大一小两个方形门洞，正屋内有两人，一人正在舂米，一人持簸箕筛米；右边附带一小房，应为厕所。左右侧房间均带栏杆，多为牲畜圈。墙面刻划菱形等纹饰。应为杂房组合牲畜圈的建筑形式。该陶屋还塑造了很多汉代家居生活细节，如正面左上角檐下捏造一燕窝，屋角放一舂臼等。

28

三合式陶屋　东汉前期

长26厘米　宽26厘米　高23厘米
1973年东山马渲水岗出土

灰陶质，人俑和动物俑为红陶质。悬山顶，脊头突出。正面开方形门洞和镂空菱形窗，一人立于门口，屋内有两人在室内作舂米状。右侧为羊圈，三只羊正沿斜梯入圈，另圈内已有一羊。后方院落为猪圈，贴塑有一个食槽，开Ω形窦洞。墙面刻划有菱形纹等几何纹饰。

29

三合式陶屋　东汉前期

长26厘米　宽25厘米　高28.7厘米
1956年小港路大元岗出土

红陶质。悬山顶和单坡顶结合。正面开方形门洞三个，正面和两侧面均开菱形窗，后面院落开Ω形窦洞。

30

三合式陶屋　东汉后期

长25.3厘米　宽23.5厘米　高23厘米
1954年先烈路执信女子中学出土

灰陶质。悬山顶。正面开一个方形门洞、两个Ω形窦洞，并镂空竖窗棂；屋内有一人正在舂米。左侧小房为羊圈，侧门口的一人持扫把赶着三只羊沿斜梯进圈。

31

三合式陶屋　东汉后期

长29厘米　宽24.5厘米　高24.7厘米
1953年先烈路龙生岗出土

灰陶质。有施釉痕。悬山顶，出檐。带走廊，左右分别有廊柱。正面开方形门洞，内有一人俑坐于案后，两侧墙面镂空菱形窗。右侧廊上一人正用簸箕筛选稻米，一狗蹲坐人身后，房内还可见舂米工具。左侧有斜梯通往二楼一门洞。正屋亦有开侧面，一人立于门口。后院有一猪，另外面向后院的窗口一人正探头观望，似乎正在查看猪圈内的情况。

左侧面

背面

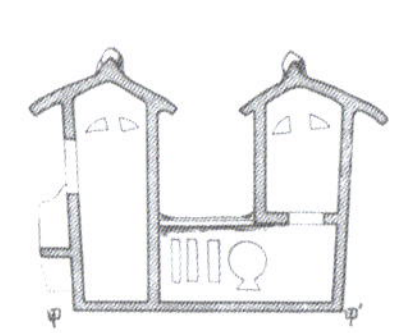
剖面

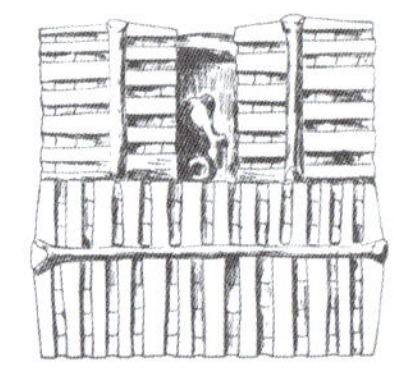
俯视

正面

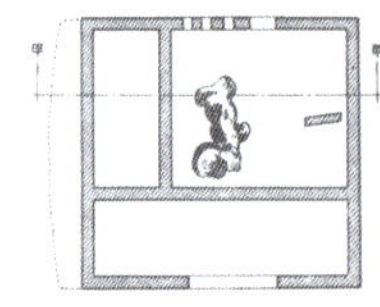
平面

32

三合式陶屋　东汉后期

长22厘米　宽22.1厘米　高23.5厘米
1956年新港路赤岗出土

红陶质。悬山顶。正面开方形门洞。左侧有斜梯通往羊圈。后院为猪圈，内躺卧一猪。

33

三合式陶屋 东汉后期

长27厘米 宽25厘米 高21厘米
1955年小港路大元岗出土

灰陶质。悬山顶。正面开方形门洞，门口正立两人。左侧房间为羊圈，三只羊正沿斜梯进入羊圈，斜梯上面还砌了一堵矮墙防止羊掉落。后院围成猪圈。

34

三合式陶屋　东汉后期

长32厘米　宽27.3厘米　高28厘米
1953年先烈路广州动物园麻鹰岗出土

红陶质。悬山顶。正面开方形门洞，镂空菱形、三角形等窗；室内两个舂米人俑正劳作。右侧为厕所，一人俑沿斜梯至门口。左侧为羊圈，一人正赶着三只羊入圈；羊圈门口还有一羊探头张望。后院为猪圈，两猪趴在食槽前抢食。这件陶屋充分反映了当时的建筑格局，及劳作、牲畜养殖情况，充满生活气息。

35

三合式陶屋　东汉

长32厘米　宽29厘米　高21.7厘米
2001年番禺南村镇员岗出土

红陶质。屋脊突出，正面开方形门洞和竖长方形窗户，右下角开Ω形窦洞。

36

三合式陶屋　东汉后期

长27厘米　宽18.6厘米　高29厘米　房顶长36厘米
1955年先烈路出土

红陶质。悬山顶重檐，檐下开多个圆孔。屋正面有两方形门，门口趴着两个狗俑（已残）；内有两个人正在舂米和簸米。右侧设斜梯，四只羊正沿梯进圈。后面院落为猪圈，有一猪俑。这是一种连猪羊圈的杂房。

第四节　楼阁式陶屋

东汉是高台建筑向楼阁式建筑过渡的时期。这种建筑形式的变革由砖瓦烧制技术的提高、斗拱技术的成熟等因素引起。新建筑技术提升了房屋本身的高度和牢固性后，使多层的楼阁式建筑成为现实，日益成为富贵家庭的选择。广州博物馆所藏的6件楼阁式陶屋均是东汉时期的墓葬出土。5件为灰陶质，1件为红陶质，多有施釉痕迹，质地比较坚硬。

楼阁式陶屋结构比较复杂，富于变化，多为上下两层至三层，屋顶则采用悬山顶、庑殿顶、单坡顶多种结合的形式。布局多分前中后三部分，有房有院，大略有几种类型：第一种为前楼中院后房布局的四合式，前部为多层高楼，房间空间较大；中间为院落，通常有家畜圈，开窦洞；后面为杂房，比较低矮。第二种为前庭中楼后院式，前部为高度略低但空间大的庭，可用于接待宾客；中部为最高的楼，多层重檐，左右还可能带小院；后面为院，用于养殖牲畜。第三种为前楼后院式，前楼高出，分多个房间，后院也不单单是围墙，而是两边杂房中间院子的布局。

楼阁式陶屋的建筑特点是主次分明，突出重点；主房和偏房、杂房分开，高低不一，豪华程度也不一样。楼阁式陶屋的另外一个特点是讲究对称布局，有比较明显的中轴线。

楼阁式陶屋的这些特点反映了汉代院落式建筑的结构和布局状态，更体现了汉代大家庭或者家族式同居的生活状态，“别长幼，分尊卑”的阶层分野情况。前庭和高楼通常作为接待或主人的住所，后院及低矮的杂房一般用作养家畜和粮食加工，以及仆人住所等用。此外，楼阁式建筑的出现和推广也反映了中原建筑技术和观念在岭南地区的传播。

剖面

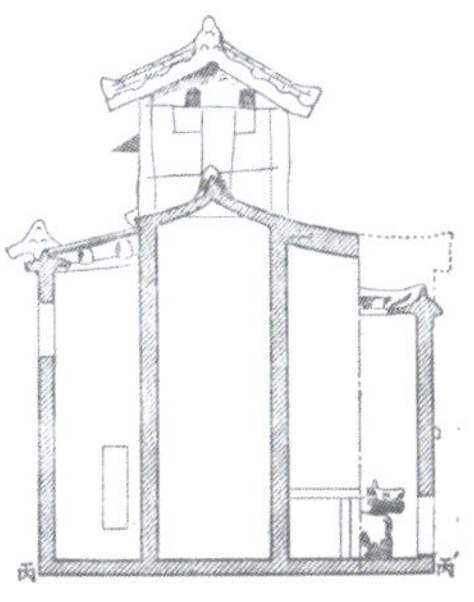
剖面

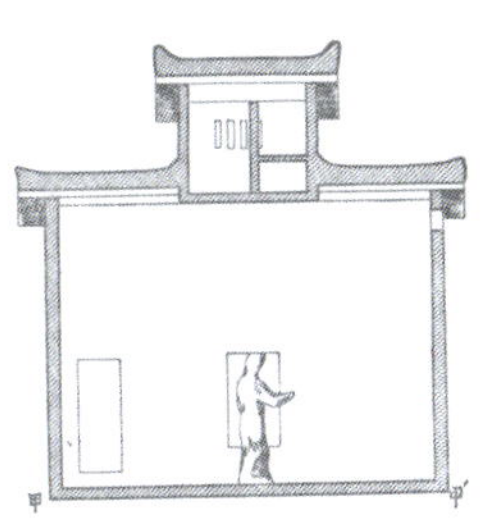
剖面

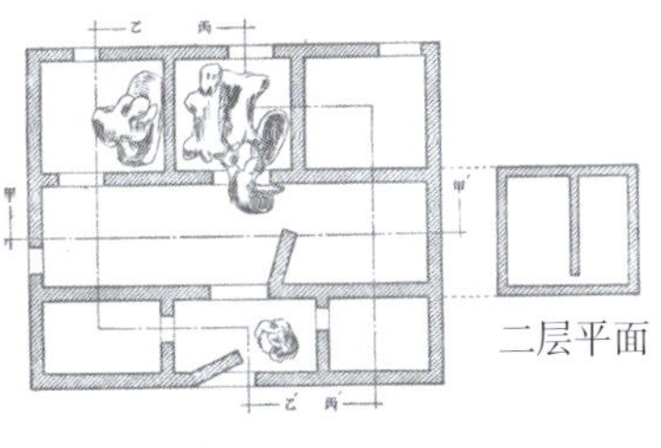

平面

37

楼阁式陶屋　东汉前期

长31厘米　宽23厘米　高29厘米
1957年小港新村刘王殿出土

灰陶质。通体有施釉痕。悬山顶重檐。整体分为前院、中庭、后院三部分，墙高院深。正面开方形门，带双门扇，门扇上装饰铺首。后院开两个三角形、一个方形窦洞。

38

楼阁式陶屋　东汉前期

长39.4厘米　宽35厘米　高32厘米
1957年东山象栏岗出土

灰陶质。有施釉痕。整体布局为前庭中楼后院式，采用庑殿顶、悬山顶组合，构成五层重檐，脊头上翘，并饰圆形瓦当。前后、左右均讲究对称，以两条中轴线分列房间和开门窗。一层分六间房和前后院，二层阁楼采用推开式窗。后院有鸡舍、猪圈，并塑造探头的鸡俑和躺卧的猪俑，更显生动。

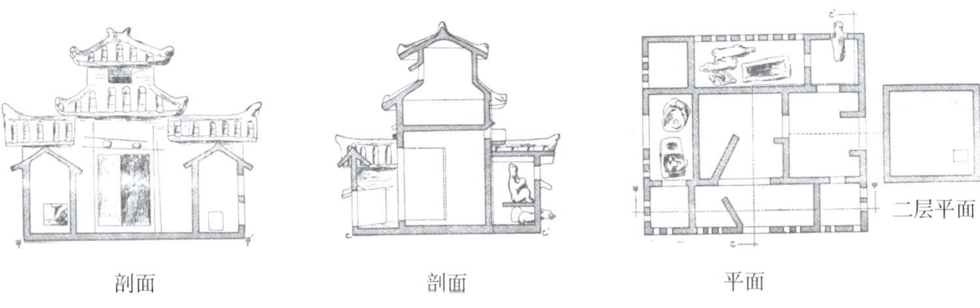
二层平面
剖面
剖面
平面

剖面

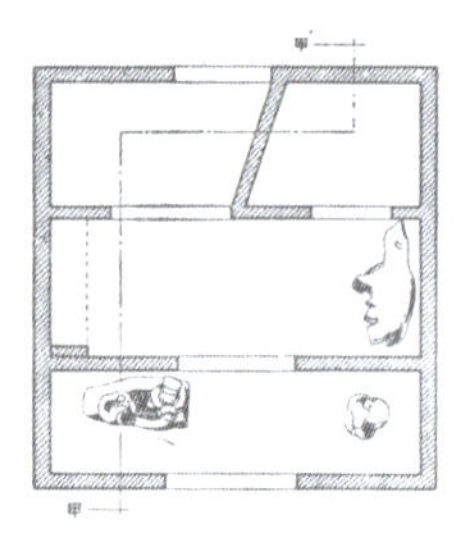
平面

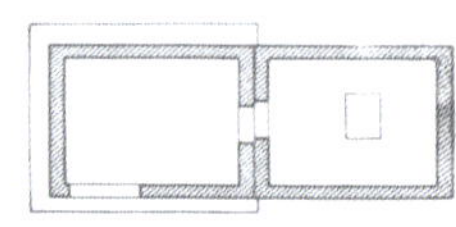
二层平面

39

楼阁式陶屋　东汉后期

长26厘米　宽25.5厘米　高30厘米
1956年东山三育路出土

灰陶质。庑殿顶和悬山顶结合。布局分前楼、中院、后房三部分。前楼双层，上层开方形门洞和菱形联格窗，并有平台；下层前后门贯通。

剖面

剖面

底层平面

二层平面

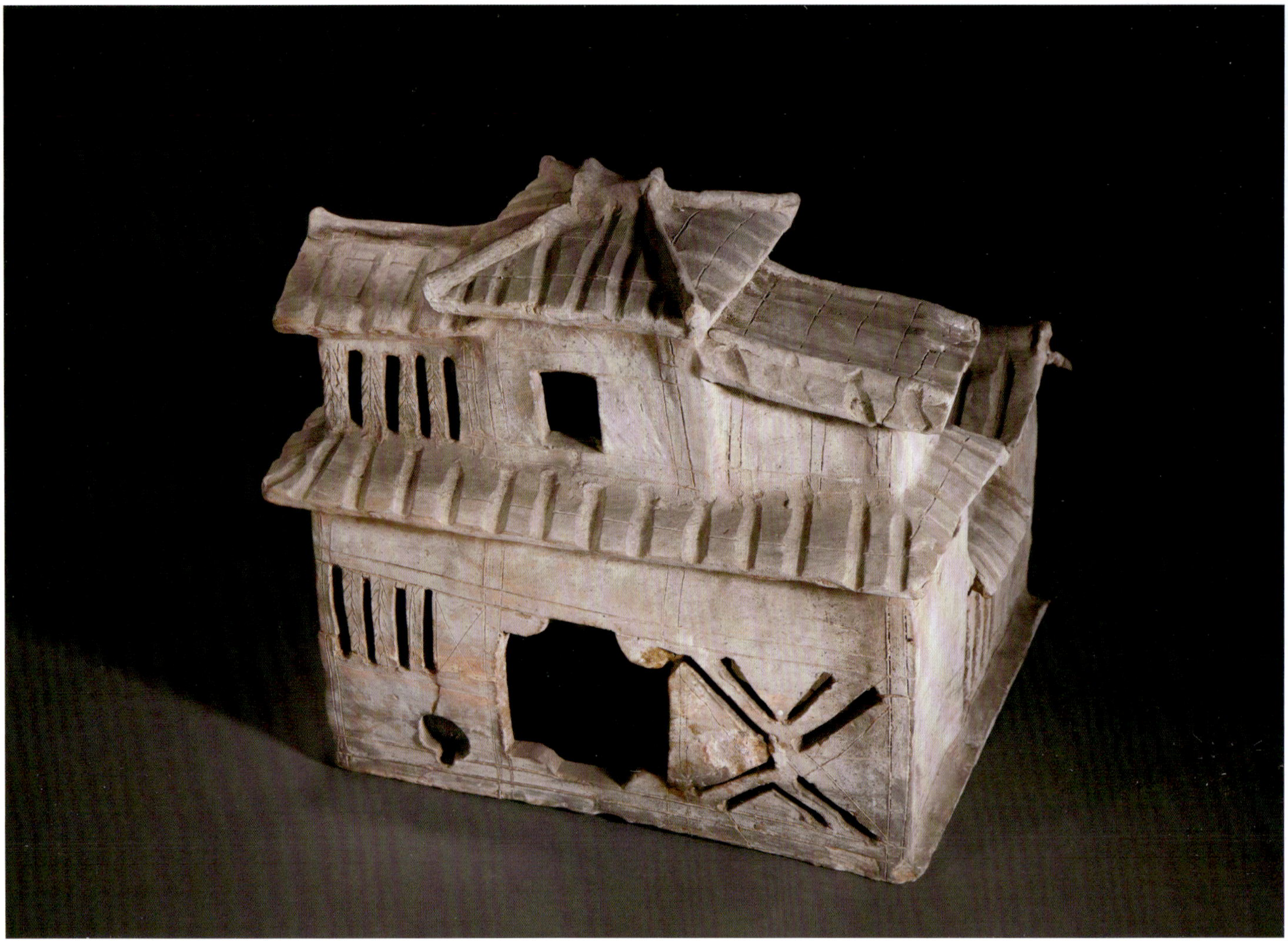

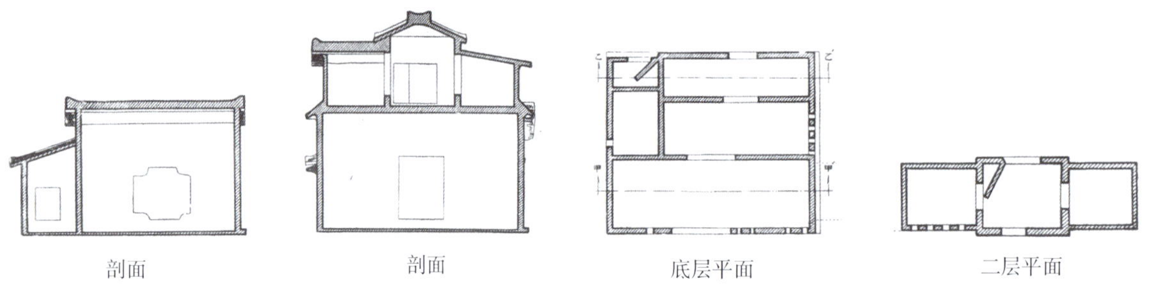

40

楼阁式陶屋　东汉后期

长27厘米　宽23.5厘米　高27.5厘米
1953年西村石头岗出土

红陶质。施青黄釉。总体结构为三重，前高后低，中间带院。前房最高，分上下两层；上层中间房间高出两边，庑殿式顶；左边为悬山式顶，右边为单坡顶。后面房为单层，并附一小房。院分左右，一大一小，中间砌墙，开一方形门相连。

41

楼阁式陶屋　东汉

长33厘米　宽15.2厘米　高31厘米
1953年西村石头岗出土

灰陶质。通体有施釉痕。悬山顶加单坡式顶，形成错落有致的三重檐，偏房檐下还特意制作斗拱承托。正面一层开三个方形门，右侧门较小，门口蹲坐一狗，应为杂房；中间两门较大，并带门扇，两门之间有竖长形窗棂。正面上层亦开两门，中间隔以联格菱形窗。

42

楼阁式陶屋　东汉后期

长26厘米　宽24.5厘米　高36厘米
1954年先烈路红花岗出土

灰陶质。通体有施釉痕。由庑殿式顶、悬山顶加单坡式构成多重檐，正面檐下有滴水瓦，并刻划三角纹饰。前后门对开，墙体开菱形、三角形、长方形等多种窗；屋内有舂米工具，及一个正用簸箕筛米的人。侧面圆形窦洞一猪正探头，侧门旁一狗躺卧。

第五节 陶仓、囷

本部分共收录陶仓27件，时间跨度从西汉中期到东汉后期；陶囷9件，时间跨度从西汉后期到东汉。

囷和仓是两种不同的储粮设施，其区别在于建筑形制。孙机在《汉代物质文化资料图说》中研究认为，“以土壁代替竹木建成圆形的粮仓，则名囷”，“至于方形的，则名廪、名仓”。[①]中国农业经过数千年发展，到汉代已有了长足进步。汉代是我国封建社会第一个鼎盛时期，西汉政权把储粮备战、备荒提高到治国之本的高度，同时，随着儒家独尊地位的确立，汉代丧葬礼俗观念也发生了变化，厚葬之风流行，“事死如事生”，用现实中经常出现的粮仓模型作为明器陪葬在汉代十分盛行。

广州地区发现的仓、囷在结构上存在着一个发展和变化的过程。西汉中期的仓平面作长方形，悬山式两坡屋顶，正面开门，下以木柱支撑，出囷的墓葬中无仓，出仓的墓葬中也不见囷。到了西汉后期，部分仓的结构发生了变化，仓内分前后两部分，前为横廊，进深很小，后部是储放粮食的仓室，横廊的作用应该是方便运输粮食和通风防潮。东汉前期仓、囷型制与西汉后期无多大变化。到了东汉后期，仓顶盖前坡作重檐，与东汉后期陶屋类似，显示仓房加高，进深加大，能储藏更多的粮食。

在汉代以前，由于广东地区社会经济还不够发达，粮食产量有限，所以储藏粮食主要用的是陶瓮、陶罐等器物，广州地区的西汉前期墓葬中至今未出土仓、囷等大型粮食贮藏设施，可见当时社会经济仍然相对落后。随着铁农具的推广、水利设施的兴修、精耕农业技术的掌握等，大量农田被开垦，粮食产量也有了较大的提高，西汉中后期广州地区开始出现了囷、仓等大型粮食储藏设施。这些情况表明到东汉时期，随着庄园经济在广州地区的出现、发展，有了更多需要仓库贮存的余粮，表现在墓葬中就是随葬仓囷模型明器的流行。

① 孙机：《汉代物质文化资料图说（增订本）》，上海古籍出版社，2011年，第242页。

43

红陶仓　西汉中期

长36厘米　宽30.7厘米　高29.7厘米
1955年登峰路横枝岗出土

红陶质。屋顶出檐较一般为大，正面开长方形门，门侧各有三个小孔相对，是拴门户所用。门前有较宽平台，前沿有排列不匀称的五个小孔，仓底有四个圆孔，四壁均刻划仿木构架线纹。

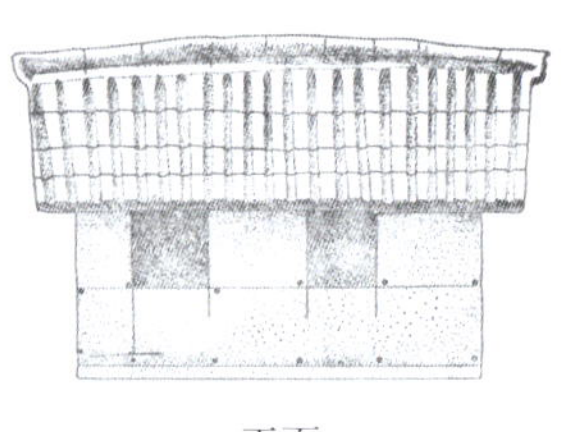

正面

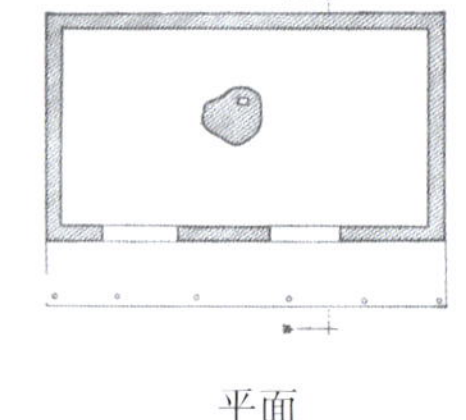

平面

侧面

剖面

44

陶仓　西汉中期

长42.5厘米　宽26厘米　高25.5厘米
1958年西村冷冻厂出土

灰陶质。盖顶瓦垄排列较密，正面开两个门，前有较窄的平台。在面墙基部及平台前的边沿处，各有六个小孔，两两相对，原是安插竹木条，以示栏杆的结构，山墙及后墙均刻划横直线纹，以示柱枋构架。仓内地台未加穿孔，仓内正中间有一长方形小孔，上立一根粗巨陶柱，支撑盖顶，柱中通，其孔与仓底小孔的大小及位置正对，表明制坯时为了防止盖顶下陷，故用一根竹木条作心，裹以陶土，捏成柱形，以撑上盖，煅烧后，陶柱中的竹木条已成灰烬，仅留穿孔，在结构上无特殊用意。

45

长方形陶仓　西汉后期

长27厘米　宽18厘米　通盖高12.5厘米
1954年区庄犀牛路出土

红陶质。长方形，顶近平。正面有两门，各设一扇板门，板间及两侧各有一个类似伏兔形的门耳，以贯门。

46

陶仓　西汉后期

长46厘米　宽26厘米　高29厘米
1955年小港路大元岗出土

红陶质。仓顶前坡作重檐，前为横廊，后部是贮存粮食的仓室。横廊屋檐下有斗拱的造型，隔墙正中设门，门四周有孔，以示有木门扇的设置，仓底有六个圆孔，四壁均刻划仿木构架线纹。

47
陶仓 西汉后期

长31.8厘米 宽23.5厘米 高24厘米
1955年小港路大元岗出土

红陶质。仓顶为歇山式，正面开长方形门，门前有较宽平台，隔墙正中设门，墙两侧雕有镂空菱形格，仓底有四个圆孔，四壁均刻划仿木构架线纹。

48
陶仓　西汉后期

长29.5厘米　宽20厘米　高22.2厘米
1955年小港路大元岗出土

灰陶质。仓顶为两坡式，屋檐下有斗拱的造型。仓分前后两部分，前为横廊，后部是储放粮食的仓室，隔墙正中设门，门旁两侧各有小圆孔两个，以示有木门扇的设置，仓底有四个柱孔，四壁均刻划仿木构架线纹。

49

陶仓　西汉后期

长33.5厘米　宽22厘米　高23厘米
1958年登峰路游鱼岗出土

灰陶质。仓顶为歇山式。仓分前后两部分，前为横廊，后部是储放粮食的仓室。隔墙正中设门，墙两侧雕有镂空菱形格，屋脊下雕有斗拱，仓底有四个圆孔，四壁均刻划仿木构架线纹。

50

陶仓　东汉前期

长38厘米　宽27.5厘米　高29.5厘米
1953年先烈路龙生岗出土

灰陶质。仓顶为悬山式。仓内分前后两部分，前为横廊，后部是贮存粮食的仓室。隔墙正中设门，门两侧刻镂空的斜格子窗，仓底有六个圆孔，四壁均刻划仿木构架线纹。

51

重檐式陶仓　东汉前期

长29厘米　宽24.5厘米　高22厘米
1973年东山马涫水岗出土

灰陶质。仓顶为重檐式。四壁向外倾斜，正面开长方形门，右侧刻镂空的斜格子窗，仓底有六个圆孔，四壁均刻划仿木构架线纹。

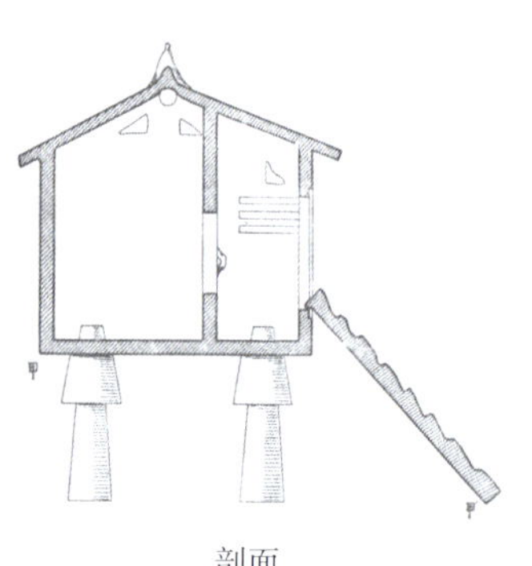

剖面

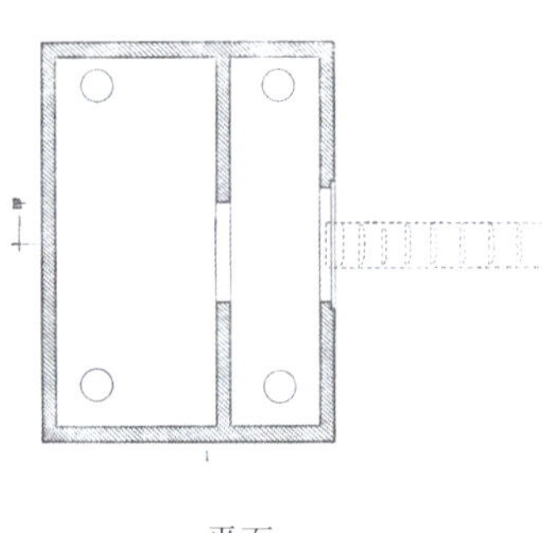

平面

52

陶仓　东汉前期

长38厘米　宽27.5厘米　通柱高37.4厘米　仓高25厘米　底高15厘米
梯长22.5厘米　梯宽3.6厘米　梯厚2.4厘米
1956年先烈路龙生岗出土

灰陶质。仓顶为悬山式。高架于四根陶制圆柱上，以利通风防潮，平面长方形，面宽三间，前部为横廊，方便装卸，后部为仓室，门前设板梯，以供上下。

53

陶仓　东汉前期

长43厘米　宽28.5厘米　高25.8厘米
1953年先烈路龙生岗出土

灰陶质。仓顶为悬山式。正面门口近方形，两旁有镂空的直棂和斜格子窗。内横隔分前后两部，前部为一横廊，后部较深，正中有门口道通，门口的两旁各有三个小圆孔，仓底对称排列六个圆孔，四壁刻划仿木构架线纹。

54

陶仓　东汉前期

长27厘米　宽21厘米　高36.6厘米
1954年东山羊山岗出土

灰陶质。施青黄釉。仓顶为悬山式。仓内前部为横廊，方形门。前壁有镂空的斜格子窗，仓底有四个圆孔，四壁刻划仿木构架线纹。

55

陶仓　东汉前期

长30厘米　宽21.5厘米　高23.9厘米
1956年先烈路龙生岗出土

灰陶质。仓顶为歇山式。仓分前后两部分，前为横廊，后部是储放粮食的仓室，隔墙正中设门，墙两侧雕有镂空菱形格，屋脊下雕有斗拱，仓底有六个圆孔，四壁刻划仿木构架线纹。

56

陶仓　东汉前期

长30厘米　宽22厘米　高19厘米
1957年西村水厂路皇帝岗出土

红陶质。仓顶为歇山式。前壁正中有方形门，前有地台，门口两边上下各有一个小圆孔。仓底有四个圆孔，安插四根竹柱，以支架仓房，使高离地面，四壁刻划木构线纹。

59

陶仓　东汉后期

长20厘米　宽15.5厘米　高21.8厘米
1957年先烈路十九路军坟场附近出土

红陶质。仓顶为两面坡屋盖，屋顶起脊，脊头翘起。仓正面墙两侧镂棱形窗，两侧各开一窗，仓底有六个柱孔，四壁刻划仿木构架线纹。

60
陶仓　东汉后期

长26.4厘米　宽19厘米　高26.3厘米
1954年东北郊金鸡岭出土

灰陶质。仓顶为悬山式。正面开长方形门，门两侧各有两个小孔相对，以示有木门扇的设置，仓底四隅各有一个圆形穿孔，以安插木柱，四壁刻划仿木构架线纹。

61
陶仓　东汉后期

长24.3厘米　宽17.7厘米　高23.8厘米
1954年先烈路红花岗出土

灰陶质。仓顶为歇山式。仓分前后两部分，前为横廊，后部是储存粮食的仓室，隔墙正中设门，门旁两侧各有两个小圆孔，以示有木门扇的设置，仓底有六个圆孔，四壁刻划仿木构架线纹。

62

陶仓 东汉后期

长25.4厘米 宽16.5厘米 高21厘米
1955年小港路大元岗出土

灰陶质。仓顶为悬山式，屋顶覆瓦，正面开长方形门，仓底有六个圆孔，以安插木柱，门两侧镂空，四壁刻划仿木构架线纹。

63

陶仓　东汉后期

长20厘米　宽15厘米　高20.6厘米
1956年先烈路惠州坟场出土

红陶质。仓顶为悬山式，屋顶覆瓦。正面开长方形门，门两侧刻划菱形镂空纹，四壁刻划仿木构架线纹。

64

陶仓　东汉后期

长25.5厘米　宽19厘米　高22厘米
1954年小北登峰路蚧岗出土

红陶质。仓顶为悬山式。隔墙正中设门，门旁两侧各有小圆孔两个，以示有木门扇的设置，仓底有四个柱孔，四壁刻划仿木构架线纹。

65

陶仓　东汉后期

长28厘米　宽22厘米　高23.5厘米
1956年先烈路广州动物园麻鹰岗出土

红陶质。仓顶为重檐式。仓内由一堵隔墙分前后间，前为横廊，后部是贮存粮食的仓室，正中有门口道通，两侧刻镂空的斜格子窗，墙壁两侧各有镂空菱形纹，仓底有四个圆孔，四壁刻划仿木构架线纹。

66

陶仓　东汉后期

长25.5厘米　宽19厘米　高22厘米
1956年东山三育路出土

红陶质。盖顶前坡作重檐。仓内由一堵隔墙分前后间，前为横廊，后部是贮存粮食的仓室，正中有门口道通，两侧刻镂空的斜格子窗，墙壁两侧各开一窗，仓底有六个圆孔，四壁刻划仿木构架线纹。

67

陶仓　东汉后期

长27.3厘米　宽16.3厘米　高25.3厘米
1956年新港路赤岗出土

灰陶质。仓顶前坡作重檐。正面开长方形门，四壁刻划仿木构架线纹。

68

陶仓　东汉

长35厘米　宽26.5厘米　高26.5厘米
出土时间地点不详

灰陶质。仓顶为重檐式。仓内分前后两部分，前为横廊，后部是贮存粮食的仓室。隔墙正中设门，门两侧各刻一人，仓底有六个圆孔，四壁刻划仿木构架线纹。

侧视

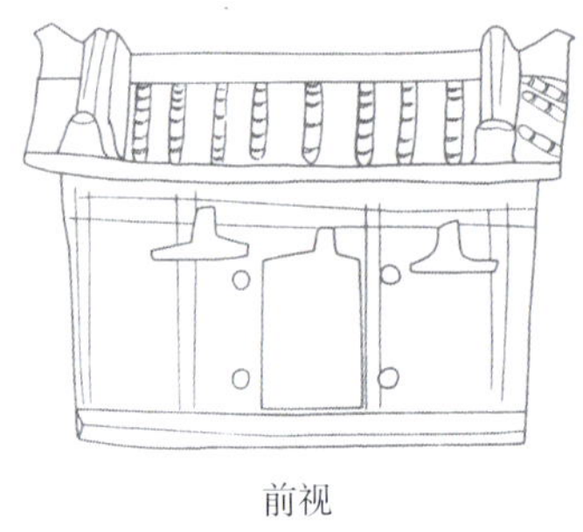

前视

69

陶仓　东汉

长30.4厘米　宽22.8厘米　高23厘米
2001年番禺南村镇员岗出土

红陶质。仓顶为悬山式。顶上刻有瓦，前壁正中有近似方形门，门口两边上下各有一个小圆孔，旁边两侧各开一凸字形气孔，背面开四个规则凸字形孔，左右两壁各开三个不规则形及两个圆形气孔，窗孔众多，起到通风透气的作用，四壁刻划木构线纹。

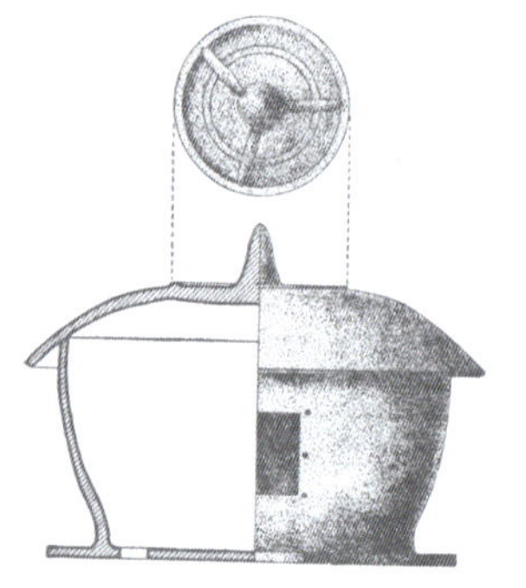

剖面

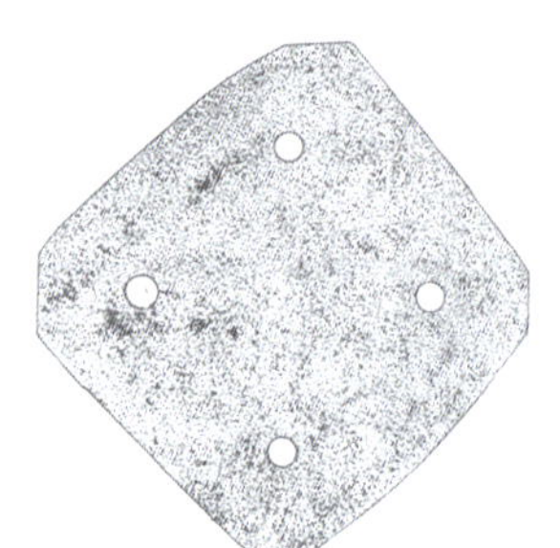

底面

70

陶囷　西汉中期

口径27厘米　底径23.7厘米　通高23厘米
1954年西村后岗出土

灰陶质。伞形盖顶，盖顶部凸棱一周，中心置一圆锥形攒尖，由基部向外至凸棱间呈放射状等距离四条脊饰，盖面弦纹间刻划短竖线纹。腹上大下小，囷底穿四个小圆孔，壁正面开长方形门，囷身刻划双线斜纹。

71

陶囷　西汉后期

口径27.2厘米　底径22.5厘米　通高25.5厘米
1955年小港路大元岗出土

灰陶质。伞形盖顶，盖顶部凸棱一周，中心置一圆锥形攒尖。腹上大下小，正面开长方形门，门四边有四个孔，门槛较高，囷底有四个圆孔，器身刻划两道弦纹，其间刻划双线斜纹。

72

陶囷　西汉后期

口径17.5厘米　底径28.5厘米　高16.5厘米
1955年华南医学院出土

灰陶质。缺盖。腹上大下小，囷底穿四个小圆孔，壁正面开长方形门，门槛较高。

73

陶囷　西汉后期

口径26.5厘米　底径23厘米　通高27厘米

1956年登峰路横枝岗出土

红陶质。伞形盖顶，盖顶部凸棱一周，中心置一圆锥形攒尖，盖残。腹上大下小，囷底穿四个小圆孔，壁正面开长方形门，门槛较高，囷身刻划双线斜纹。

74

陶囷　西汉后期

口径33.5厘米　底径33.6厘米　通高27厘米
1954年南石头纸厂出土

红陶质。伞形盖顶，盖顶部凸棱一周，中心置一圆锥形攒尖，由基部向外至凸棱间呈放射状等距离四条脊饰，盖面弦纹间刻划短竖线纹。腹上大下小，囷底穿四个小圆孔，壁正面开长方形门，囷身刻划双线斜纹。

75

陶囷　西汉后期

口径30厘米　底径26.5厘米　通高30.5厘米
1954年南石头纸厂出土

红陶质。伞形盖顶，中心置一圆锥形攒尖。腹上大下小，正面开长方形门，门四周有五个孔，门槛较高。囷底有四个圆孔。器身刻划两道弦纹，其间刻划双线斜纹。

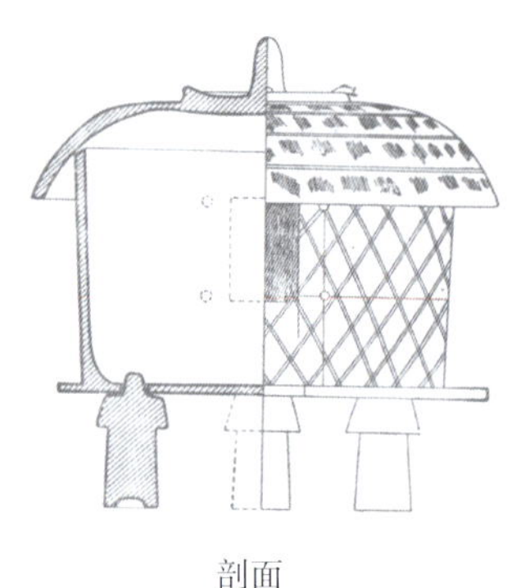

剖面

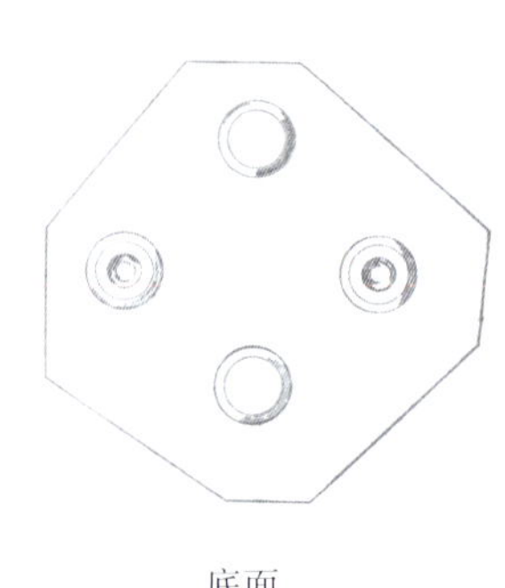

底面

76

陶囷　东汉前期

通柱高31厘米　盖直径31厘米
1954年东山羊山岗出土

灰陶质。伞形盖顶，盖顶部凸棱一周，中心置一圆锥形攒尖，由基部向外至凸棱间呈放射状等距离四条脊饰，盖面弦纹间刻划短竖线纹。腹上大下小，囷底穿四个小圆孔，以陶柱支撑，壁正面开长方形门，门四边有四个孔，门槛较高，囷身刻划双线斜纹。

77

陶囷盖　东汉前期

口径32厘米　高12厘米
1955年小港路大元岗出土

红陶质。伞形盖顶，盖顶部凸棱一周，中心置一攒尖，由基部向外至凸棱间呈放射状等距离四条脊饰，盖面弦纹间刻划短竖线纹。

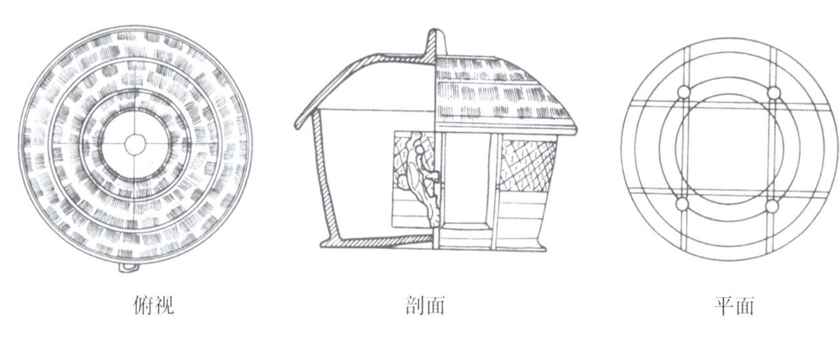
俯视　　剖面　　平面

78
陶囷　东汉

口径34厘米　底径31.2厘米　通高30厘米　盖口径39.5厘米
2001年番禺南村镇员岗出土

红陶质。质地较硬，器表施深灰色陶衣。斜直壁，平底内凹，下面刻划双线“井”字形纹，交叉四角各有一圆孔，用以立柱。囷正面开长方形门，门框、门楣、门槛均较为突出，门框两边各有一孔，左侧一俑面朝内，趴在门边上，头、右手残。腹壁上部刻划菱格内填短线纹，下部施弦纹。盖为伞形，平顶微内凹，中有突起的攒尖。盖面弦纹间满划细密篦纹，显示盖为茅草所覆盖。

第六节　坞堡

坞堡是汉代豪强庄园经济出现和发展的见证。广州博物馆藏有两件陶坞堡，均为1956年东汉时期的墓葬出土，出土地点分别为广州动物园麻鹰岗和东山三育路。广州博物馆藏坞堡式建筑模型有以下特点：

建筑布局讲究。陶坞堡以前后堡门相连为中轴线，上建有门楼和角楼；内部中间为直道，房屋分布在两侧。

坞堡是规模较大的建筑群，大的建筑内还附有不同的小房间，体现东汉豪强家族式群居生活的特点。这两件陶坞堡其中1件内有两间陶屋，另1件内有五间陶屋。这种反映建筑群的坞堡模型，和江苏徐州、睢宁出土的画像石（砖），山东沂南的汉墓石刻等材料相互佐证[①]，说明豪强民居也参照宫殿式建筑或者城池建筑的形式，墙高院深，主次区分，并考虑安全的需要，设有防卫功能的角楼等以保障安全。

坞堡内塑造了不同类型的人俑，也是汉代社会阶层的反映。坞堡前后门通常有两名仆人守卫和迎送，手上所持的物品可能为笤帚和圆盆，有接风洗尘之意；也有学者认为门口人俑所持是守卫的武器[②]。内部的两个长方形屋内有多件人俑，有进行劳作状的，多为舂米俑和持簸箕俑；有作跪伏状或揖拜状的，对面俑跪坐手捧长卷，可能在接受上级旨意，或者进学读书；还有抱婴妇女俑。各类不同状态的人俑反映生产生活的不同分工外，也体现了社会地位的分层。

① 刘敦桢主编：《中国古代建筑史》（第二版），中国建筑工业出版社，1984年，第74页。

② 麦英豪、黎金：《二千年前岭南人的衣食住行——考古发现纵横谈》，载广州市文物考古研究所编：《广州文物考古集：广州考古五十年文选》，广州出版社，2003年，第266页。

79

陶坞堡　东汉后期

长46.7厘米　宽40.5厘米　通高32厘米
附件一：长27.4厘米　宽12.8厘米　高21厘米　附件二：长25.4厘米　宽12.2厘米　高20厘米
1956年东山三育路出土

灰陶质。城堡整体呈方形结构，高墙围绕，四角都设角楼可供观察外情。位于中轴线上的两座城楼也有瞭望和守卫功能。前后门各有两名仆人守卫和迎送，手持笞帚和圆案。内部由两个长方形屋组成，其中一件为二层楼阁，屋内有多件人俑，或劳作状、或揖拜状，还有抱婴者。

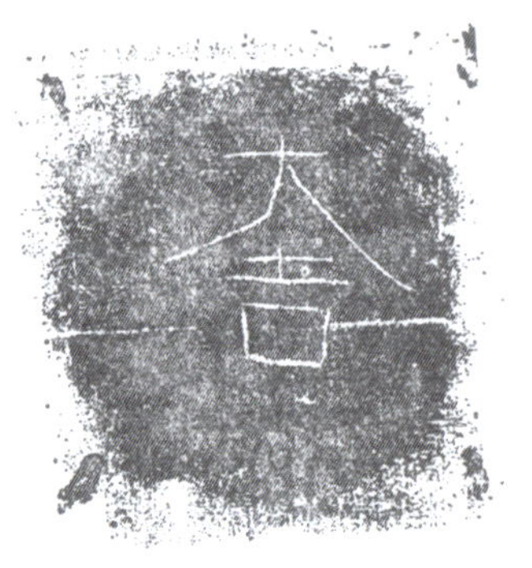

拓片

80

陶坞堡　东汉后期

长48厘米　宽42厘米　高33厘米

1955年先烈路十九路军坟场附近出土

红陶质。整体呈方形结构，开前后两门，均有门楼。四角设角楼，屋檐下及两侧墙角开多个圆孔。内部由五个长方形屋组成，并有多件人俑。前面旁墙面刻“大吉”二字。

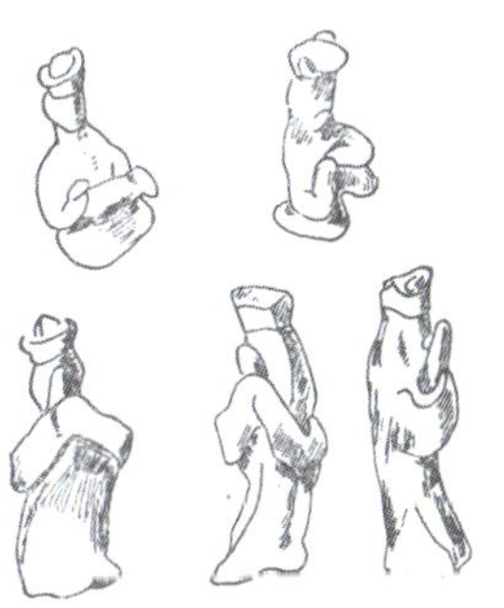

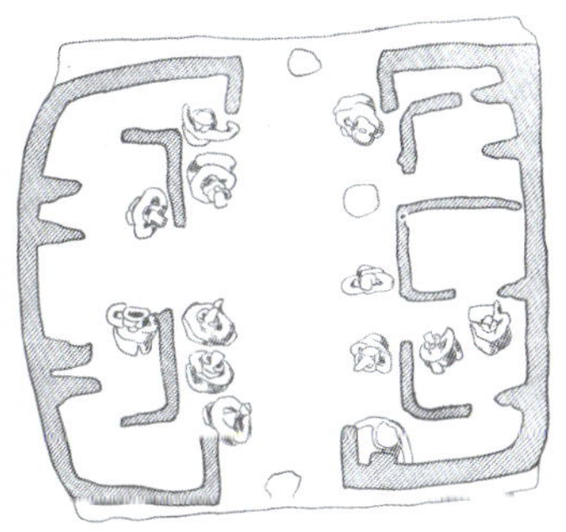

俯视

第二章

生产生活

第一节 陶灶

《释名·释宫室》称："灶，造也，创造食物也。"灶在人们的日常生活中占有重要位置，早在新石器时代人们便开始使用简易的灶坑烹煮食物，到了秦汉时期人们在庖厨中使用灶台。汉代对灶尤为重视，《汉书·五行志》称："灶者，生养之本。"由于两汉时期厚葬之风的盛行和"事死如事生"观念的加强，与人们生活息息相关的陶灶模型大量出现在两汉时期墓葬中，《广州汉墓》记录的409座广州两汉墓葬共出土陶灶模型136件。

广州博物馆收藏有26件陶灶，包括西汉时期7件、东汉时期19件，尤以东汉后期居多，主要有灰陶质和红陶质，灶整体呈长方箱状，西汉前期陶灶的灶身矮短，长宽相差不大，西汉中期到东汉的陶灶都是长身的。灶封底，灶前多伸出有地台，灶门形制主要有拱形、方形及敞开形；灶门上方大多有额墙，以挡烟火；灶后多有烟突，烟突形制包括龙首形、扁平形、圆筒形。灶上开火眼，火眼数量不等，有2个和3个，以3个居多，火眼纵行排列，火眼多便于更高效的利用灶膛之火；在火眼上面一般放置有釜、甑，还有的放置有双耳锅、罐，甑底穿孔数量不等，穿孔数最多为14孔，而绝大多数为甑底只穿1孔。

广州博物馆藏广州汉墓出土的陶灶装饰简易，或光素无纹，或仅刻划简单的线条纹饰，多为斜方格纹和三角形纹，有的在斜方格中压印圆圈纹和点线，或刻划简单的线条纹等，只有极少数刻划龙、狗等纹饰，也有个别在灶额处及灶尾处塑趴伏的动物形象。

广州博物馆藏汉代陶灶虽装饰较为简易，然而也有着自身特点和岭南特色。由于岭南地区气候潮湿，馆藏陶灶普遍灶身下方有底，且伴有地台，以保灶身干燥。西汉时期的陶灶普遍无陶俑，而东汉时期的陶灶大多附有人俑和动物俑，且绝大多数在地台上人俑和陶狗共同出现，人俑作扇火或添薪状，狗一般蹲坐于地台上，昂首看向人俑或灶口，展现出人与狗之间的亲密关系。灶上普遍放置釜、甑等器具，东汉时期的陶灶在灶体两侧附设水缸，水缸旁多有人俑作取水姿势，这样的设置既方便煮食添水之用，也可以利用火膛的温度温水，做饭后即有温水可用，体现了先民利用热能的智慧。

81

陶灶　西汉前期

长36厘米　宽23.8厘米　高17厘米
1957年先烈路广州动物园麻鹰岗出土

灰陶质。灶身长方形，灶前有地台，灶门拱形，灶上开一大一小两火眼，上置一甑，甑底穿六孔。灶后有圆筒形烟突斜出，烟突粗短。

陶灶出土时常有釜或甑置于火眼上，也有釜、甑都齐全的。釜是古代的煮食炊具，早在新石器时代就已使用陶釜，釜放置在火眼上，煮水烧汤。甑是口大底小的蒸器，与釜配套使用，甑底的穿孔数量不等，多至十余孔，少则一孔。

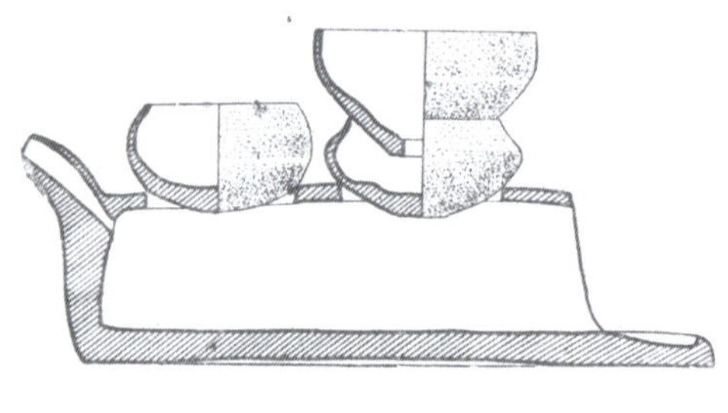

侧视

82

陶灶　西汉中期

长31.1厘米　宽15.5厘米　高15.5厘米
1956年东山马棚岗出土

灰陶质。灶身呈长方形，后部略窄。灶门敞开，前有地台伸出，周边突起。灶面开圆形火眼两个，其中一火眼上置一釜，另一火眼上置一釜承甑，甑底穿一孔。灶后有烟突，如圆筒形。

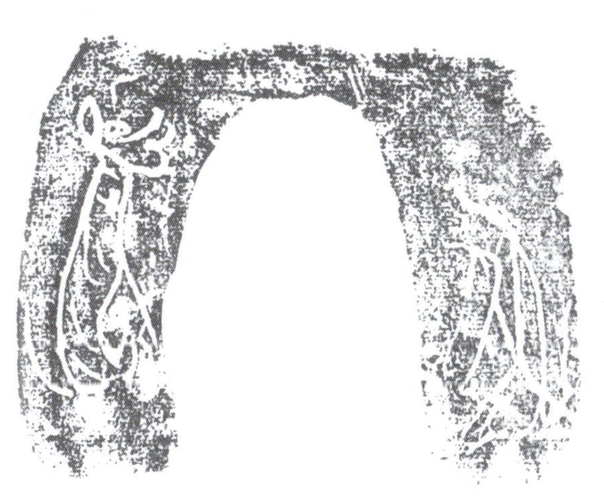

拓片

83

陶灶　西汉中期

长34厘米　宽11.5厘米　高19.5厘米
1956年西村水厂路皇帝岗出土

灰陶质。灶身呈长方形，前端略窄。灶前有地台，地台窄短，灶门作拱形，灶门左壁划一犬，右壁划一猫，均昂首蹲坐，尾巴翘起，犬作舔舌俟食神态。灶门上的额墙向前斜出，以挡烟火。灶面开火眼三个，上置三釜一甑，甑底穿一孔，灶面刻划斜方格纹及点纹。灶身两壁及灶后壁刻划方格纹及交叉线纹，并有对称的曲线纹饰。灶后有龙首形烟突，龙头高昂，龙口大张。

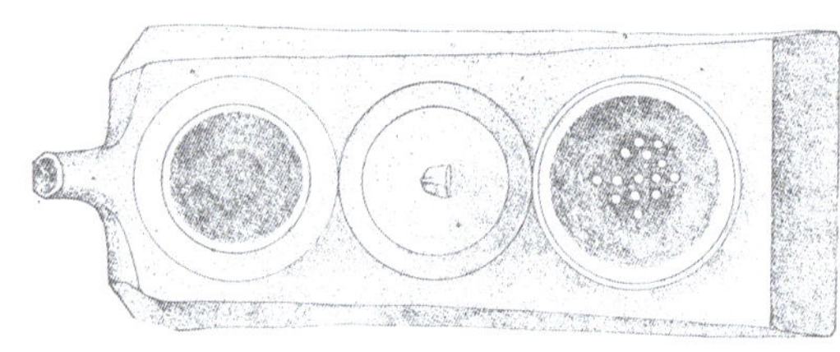

俯视

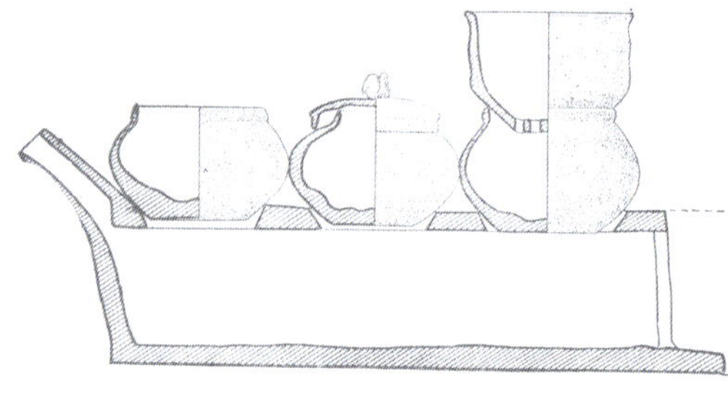

侧视

84

陶灶　西汉中期

长47厘米　宽18厘米　高23厘米
1958年西村冷冻厂出土

灰陶质。灶身呈长方形，上部略窄。灶前有地台，地台窄短，灶门为长方形，上无额墙。灶面开火眼三个，放置三釜一甑，其中一釜有盖，甑底穿孔十四个，小而密，甑底穿孔越多越便于提高蒸食效率。灶后有圆筒形烟突斜出。

85

陶灶　西汉后期

长36厘米　宽18.5厘米　高21厘米

1955年小港路大元岗出土

灰陶质。灶身呈长方形。灶前有地台，地台窄短，灶门拱形，上有额墙。灶面刻划曲折纹，上置两釜一甑一罐，甑底穿孔十二个。灶后有龙首形烟突。

88

陶灶　东汉前期

长32.5厘米　宽17厘米　高20厘米
1953年先烈路龙生岗出土

灰陶质。灶身呈长方形。灶前有地台，灶门拱形，灶门周围刻划斜方格纹。灶附五釜一甑，甑底穿一孔。灶后有龙首形烟突。灶面刻划斜方格纹，灶身两壁及灶后壁均刻划双线条纹。

89

陶灶　东汉前期

长28.5厘米　宽12.5厘米　高16.5厘米
1956年小港路大元岗出土

灰陶质。灶身呈长方形。灶前有地台，灶门拱形，上有额墙。灶面刻划线条纹，开三个火眼，上置两釜一甑，甑底穿一孔。灶后有龙首形烟突及一圆形出烟孔，灶身两壁刻划交叉线条纹。

90

陶灶　东汉前期

长25.3厘米　宽11.2厘米　高14厘米
1957年东山象栏岗出土

灰陶质。灶身呈长方形。灶前无地台，灶门拱形，上有额墙，灶门左侧刻划一动物形象，头部高昂，嘴巴张开。灶身左壁刻划三条游龙和一头奔驰的动物，灶身右壁刻划极浅的杂乱线纹。灶上置两釜一甑，甑底穿一孔，灶后烟突缺，未开出烟口。

拓片

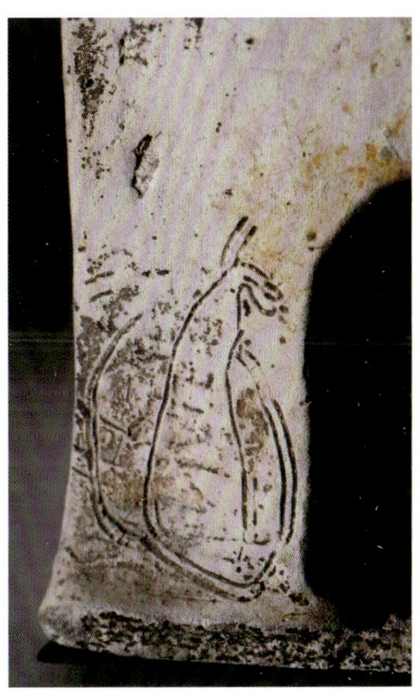

91

陶灶　东汉前期

长30厘米　宽26厘米　高12.5厘米
1973年东山马湟水岗出土

灰陶质。灶身呈长方形。灶前有地台，地台左侧有一人执扇扇火，灶门拱形。灶面开火眼三个，上置两釜一甑，甑底穿一孔，灶身两壁间各置两口大水缸，每口大水缸旁站立一人双手深入缸中作取水状，灶面刻划菱格纹，其余光素无纹。灶后有扁平形烟突。

与西汉时期相比，东汉时期的陶灶附有人和动物的数量增多，并且在陶灶两壁多附有陶罐或水缸，数量不等，最多的有六个，水缸旁多有人俑作取水姿势。

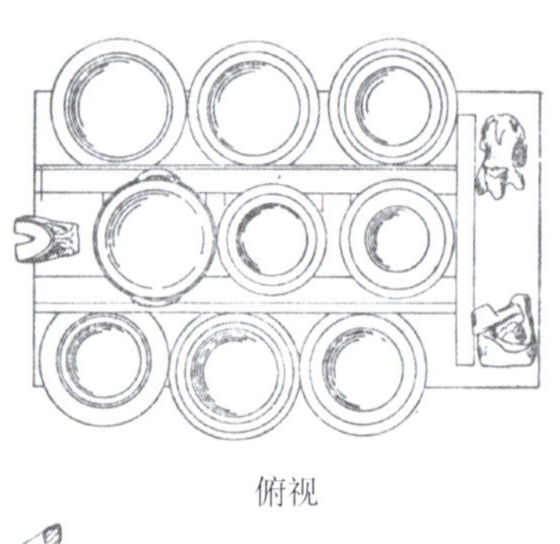

俯视

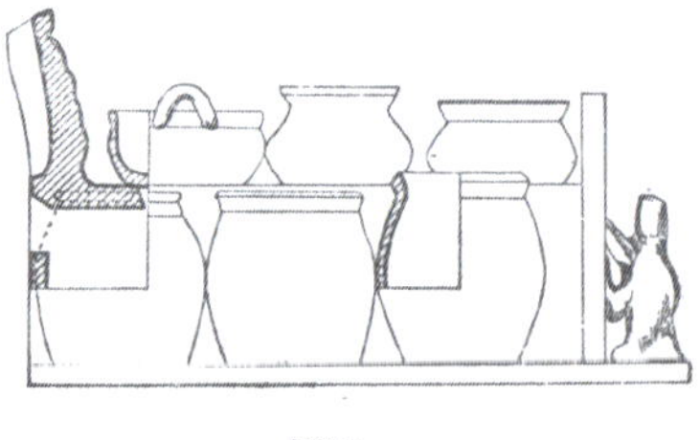

侧视

92

陶灶　东汉后期

长28.5厘米　宽20.5厘米　高15.4厘米　底板长28.5厘米　底板宽15.8厘米
1956年小港路大元岗出土

灰陶质。灶身呈长方形。灶前有地台，地台左侧有一人，作执扇扇火状，右侧一狗蹲坐，前肢立起，头部高昂。灶门拱形，灶门上有额墙，上方用双线刻划斜方格纹。灶后有龙首形烟突及圆形出烟孔，灶身上置两釜及一双耳锅，两壁间各附三口水缸。

93

陶灶　东汉后期

长26厘米　宽16厘米　高15.5厘米
1954年先烈路执信女子中学出土

灰陶质。灶身呈长方形。灶前有地台，地台左侧有一人，一手伸向灶门，作添薪烧火状；地台右侧蹲一条狗，嘴巴微张，前肢立起，后肢蹲坐，卷尾仰头，形象生动逼真。灶门拱形，灶门上方有额墙，额墙刻划纹饰，灶后有龙首形烟突和圆形出烟口，灶面开三个火眼，上置二釜，灶面刻划斜方格纹。

100

陶灶　东汉后期

长28.5厘米　宽17.2厘米　高20.5厘米
1953年先烈路龙生岗出土

红陶质。灶身前宽后窄。灶前有地台，灶门为拱形，灶门左侧有一人，灶门右侧有一狗，尾巴上卷，头部高昂侧向灶门。灶面开火眼三个，上置一釜一甑，甑底穿一孔。灶面及灶身两壁均刻划线条几何纹，灶后有扁平形烟突及圆形出烟口。

101

陶灶　东汉后期

长22.5厘米　宽13.7厘米　高13.5厘米
1954年东北郊金鸡岭出土

红陶质。灶身呈长方形。灶前有地台，地台左侧有一人，灶口有泥条以示薪柴，灶门为拱形，上有额墙；灶上置釜甑，灶身两壁各附一口水缸；灶后有扁平形烟突。灶面及灶门额墙均刻划斜方格纹。

102

陶灶　东汉后期

长32厘米　宽13.4厘米　高18厘米
1954年小北登峰路蚧岗出土

红陶质。灶身呈长方形。灶前有地台，灶门为拱形，上有额墙；灶面开三个火眼，上置一釜一甑，甑底穿一孔；灶后有扁平形烟突。

103

陶灶　东汉后期

长32厘米　宽14.5厘米　高14厘米
1954年先烈路红花岗出土

红陶质。灶身呈长方形。灶前有地台，灶门为拱形，上有额墙，灶门周边刻划斜方格纹，灶面开三个火眼，上置三釜，灶后有烟突。

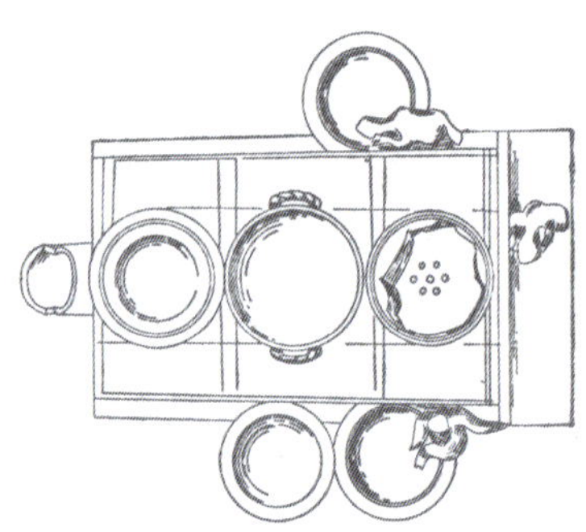
俯视

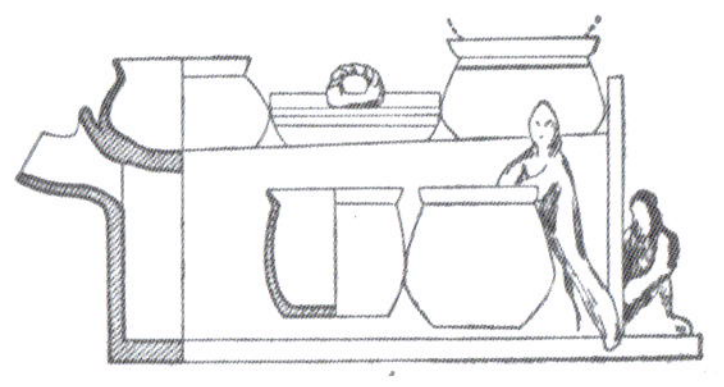
侧视

104

陶灶　东汉后期

长30.4厘米　宽25.5厘米　高15.4厘米
1956年先烈路广州动物园麻鹰岗出土

红陶质。灶身呈长方形。灶门为拱形，上有额墙，额墙刻划曲折纹，灶前有地台，灶门右侧有一人，跪坐灶门外作烧火状；灶上置两釜一双耳锅，其中一釜上的甑残缺，只剩甑底，穿七孔；灶身左壁附两口水缸，其中一口水缸有一人作取水状，灶身右壁有一口水缸，一人作取水状。灶后有圆筒形烟突。

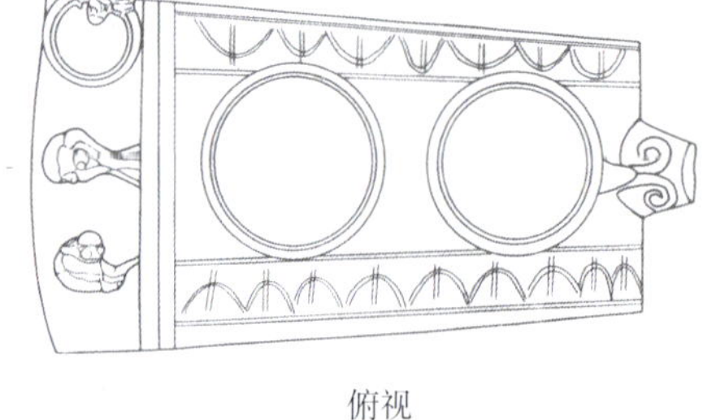

俯视

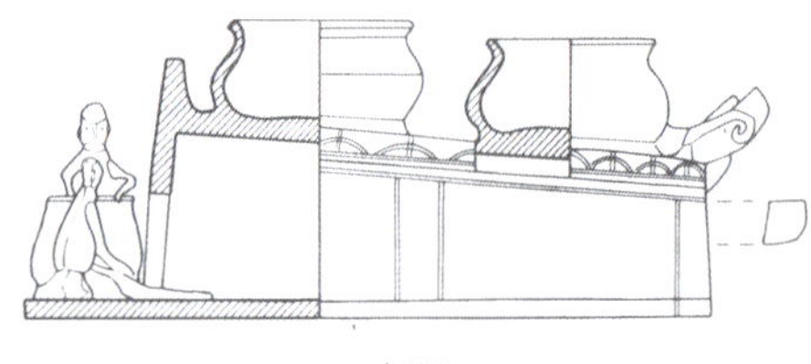

侧视

106

陶灶　东汉

长32.5厘米　宽17.3厘米　高12.6厘米
2001年番禺南村镇员岗出土

灰陶质。灶身前宽后窄。灶前有地台，地台上有三人，左边一人趴在水缸边，双手深入缸中作取水状；中间一人面向灶门，正在添薪，双手所持三细长泥条深入灶膛，以示薪柴；灶门右侧站立一人，面朝中间人，右手扶灶，左手自然下垂，神态自如。灶门拱形，上有额墙，光素无纹。灶面开两火眼，上置两釜，灶面刻划长条框线内填短弧线纹。灶后烟突为扁圆体实心，其上装饰两卷曲泥条，下方开一长方形出烟口。

第二节　陶井

井作为古代先民生产生活的重要用水来源，至少在新石器时代就已出现。《世本》云："黄帝见百物始穿井"、"伯益作井"。《史记·五帝本纪》也载有虞舜"穿井"之事。随着社会发展，井还逐渐被应用到祭祀、灌溉、消防等方面。两汉时期，由于厚葬之风的盛行和"事死如事生"观念的加强，与人们生产生活密切相关的水井就以陶井模型的形式成为当时最常用的陪葬明器之一。

广州博物馆现藏汉代陶井模型28件，大部分为20世纪50年代为配合广州城市建设工程进行保护地下文物考古调查发掘时在两汉墓中出土，其中西汉墓出土8件、东汉墓出土20件。上述陶井多为泥质硬陶，以灰白色为主，兼有灰黄色或灰红色，硬陶有施釉，但大多釉层已严重剥落。该批陶井造型具有岭南特色，大部分为圆井栏配圆、方地台。另有1件西汉中期墓出土陶井，其与陶屋相连的式样，造型独特，十分罕见。方井栏陶井数量较少，仅见2件，造型上与洛阳、南阳等地出土的仿木十字交搭接头长方形陶井有相似之处。地台上多塑有三四个柱础，柱础以方形为多，也有圆形。柱础上有圆孔，用于安插木或竹制短柱（短柱出土时多已不存，部分为后配），上覆陶质井亭。井亭刻划或塑出瓦垄，多为四阿顶，个别为攒尖顶。四阿顶中间短脊以鸱尾造型为主，部分塑凤鸟等造型。纹饰方面，以刻划纹为主，拍印小方格纹少见，有些陶井上有戳印的圆圈纹，也有无花纹的素面陶井。纹饰主要集中在肩、腹部，以弦纹分界，饰以水波纹、菱格纹、曲折纹、鳞纹等纹饰。此外，纹饰内常刻划"‖"和"川"等记号。

这批陶井模型明器造型丰富，式样繁多，真实再现了汉代岭南水井的状况，其主要特点有：（一）多配井亭。28件陶井中有半数以上配有井亭，井亭是为适应岭南光照强、多雨等气候特点和保护井水清洁卫生而建造，不但可以防止飞禽排泄物污染水源，还能保护打水人少受日晒雨淋之苦。（二）井栏上无井架和轱辘等汲水设施。洛阳、三门峡等地汉墓出土陶井常带有井架，井架上设有滑轮、轱辘等半机械式汲水设施，证明汉代中原地区人民已懂得利用轮轴工具节省体力，提高汲水效率。该批陶井中仅有2件出现井绳、陶罐等人力汲水工具，并无滑轮、轱辘等汲水设施，可能是因为本地区地下水位高，井不深，无需使用半机械汲水设备。（三）高井栏。这种高井栏构造，不但可以保护井水清洁卫生，也可能是为了防止人和动物误入井内发生意外。

水井的出现，使人们在很大程度上摆脱了对河流的依赖，定居范围扩大，生活环境改善。两汉时期，凿井取水在岭南地区已相当普遍，生活、手工业和农业灌溉用水都离不开水井，水井在生产生活中占据十分重要的地位。因此，西汉中期以后，陶水井、陶灶、陶屋、陶城堡等生活必需品演变而成的陶器模型逐渐取代礼器，成为两汉时期主要的陪葬明器，这是社会不断发展、人们思想观念转变的结果。

107

方形陶井　西汉前期

口径12.8　底径23.8厘米　高12.3厘米
1957年先烈路广州动物园麻鹰岗出土

灰陶质。素面，井栏方形，上小下大，栏壁斜直，唇向外折出。地台亦方形，台面向外倾斜。

110

陶井　西汉中期

口径14厘米　底径30.5厘米　通高19.1厘米
1954年登峰路横枝岗出土

灰陶质。井栏上敛下宽，肩腹部饰凸形宽弦纹。圆形地台，上刻划斜方格纹，方形柱础四个，分立在圆地台上，紧贴栏壁，础中有圆孔，以插木柱，上覆井亭。井亭为四阿式，有瓦垄，正中有短脊，四垂脊斜出，盖下四角有象斗形突出，中有孔，以插木柱（木柱已朽）。

111

陶井　西汉中期

口径20厘米　底径30厘米　通高23厘米
1958年西村冷冻厂出土

灰陶质。陶质坚硬，无颈，口沿较宽。井身遍布小斜方格纹和十字方形小印戳，腹部有凸棱一圈，内刻划鳞纹。圆形地台有四个方形柱础，每个柱础有一圆孔以插木柱（木柱已朽），上覆井亭。井亭为四阿顶，有瓦垄，正中有短脊、四条垂脊斜出。

114

陶井　西汉后期

口径14.5厘米　底径28厘米　通高16.8厘米
1955年小港路大元岗出土

灰陶质。素面，高束颈，直腹。圆地台，上有四个方形柱础和柱穴。无柱，四阿顶井亭。

115

刻水波网格纹陶井　东汉前期

口径10.5厘米　底径18.5厘米　高11.5厘米
1954年先烈路执信女子中学出土

灰陶质。质硬，高束颈，弧腹，平底。圆井栏，圆地台，地台边有四根陶柱，每根陶柱上有一圆孔，插放支撑井亭的木柱。井身纹饰复杂，肩、腹部多道弦纹，间饰水波纹和双线菱格纹，内刻划“‖”和“川”等记号。

116

刻棱形纹陶井　东汉前期

口径12厘米　底径22厘米　连人高17.5厘米　井亭盖16厘米×16厘米
1973年东山马湟水岗出土

灰陶质。束颈，弧腹，肩、腹部饰水波纹和双线菱格纹，内刻划“Ⅱ”记号。圆地台，地台上有四个方形柱础，柱础上有孔，上覆方形井亭，井亭为四阿顶，有瓦垄，短脊和四条垂脊均饰鸱尾。一个俑靠在井栏旁，手拿绳子，似在汲水。

117

刻网格纹陶井　东汉前期

口径14.5厘米　底径25.5厘米　通高13.5厘米　井亭盖20厘米×20厘米
1954年建设大马路建设新村出土

灰陶质。敞口，束颈，直腹。圆形地台上有四个方形柱础，柱础上有圆孔用于安插井亭柱。井亭方形，四阿顶，塑出屋脊和瓦垄，中间短脊有两端向上翘起的鸱尾。在颈、肩、腹部刻划多道弦纹，间刻曲折纹和菱格纹，菱格纹内刻划“‖”记号。曲折纹和菱格纹均在交点上用小竹管压印小圆圈纹。

118

刻网格纹陶井　东汉前期

口径12.5厘米　底径21.8厘米　通高12.5厘米　井亭盖18厘米×18厘米
1956年小港路大元岗出土

灰陶质。束颈，直腹，腹部略高。肩、腹部饰凹形宽弦纹，间饰曲折纹和菱格纹，纹饰内刻划“‖”记号。圆井栏，圆地台，地台上有四个方形柱础，上有圆孔，插四根木柱，上覆井亭。井亭为攒尖顶，交叉十字脊。汉代建筑屋顶最常见为悬山顶和庑殿顶（四阿顶），悬山顶用于一般房舍，庑殿顶用于规格较高的建筑物。攒尖顶屋顶在汉代十分少见。

119

刻网格水波纹陶井　东汉前期

口径19厘米　底径25厘米　通高24.8厘米
1954年东山羊山岗出土

灰陶质。施黄褐色釉，釉色光洁明亮。口折沿，束颈，溜折肩，高直腹。平底内凹。颈、腹部有多道弦纹，其间饰双波折纹和双线菱格纹，内有“‖”记号。圆地台上有四个等分圆孔，用于安插井亭柱。井亭木柱已朽。井亭盖为四阿顶，饰瓦垄，中间短脊两端和四边垂脊末端翘起。该井出土时，由于墓已被盗，陶井的井栏在前室发现，而井亭盖则被置于后室的仓、囷、灶之旁。

120

刻水波纹陶井　东汉前期

口径14.3厘米　底径24.5厘米　高15.2厘米
1953年先烈路龙生岗出土

灰陶质。褐色釉，釉层剥落严重。敞口，束颈，直腹。颈、肩和腹部均刻划宽弦纹，间饰以水波纹和锯齿形纹等。圆地台，上有四个方形柱础，柱础上有柱穴，无井亭。

121

陶井　东汉前期

口径12.5厘米　底径24.5厘米　通高17厘米
1957年东山象栏岗出土

灰陶质。敞口，束颈，折肩，直腹，圆井栏。圆形地台上有四个等分方形柱础，用于安插井亭。井亭为四阿顶，塑出瓦垄。

122
陶井　东汉前期

口径14.4厘米　底径28.4厘米　通高21.8厘米
1953年先烈路龙生岗出土

灰陶质。肩部釉面状况较好，腹部釉面脱落严重。圆井栏，肩部刻划曲折纹，肩、腹部饰宽弦纹，弦纹上刻划锯齿纹。圆形地台上有四个方形柱础，柱础上有圆孔，四根木质小圆柱插于圆孔内，上覆四阿式顶井亭。

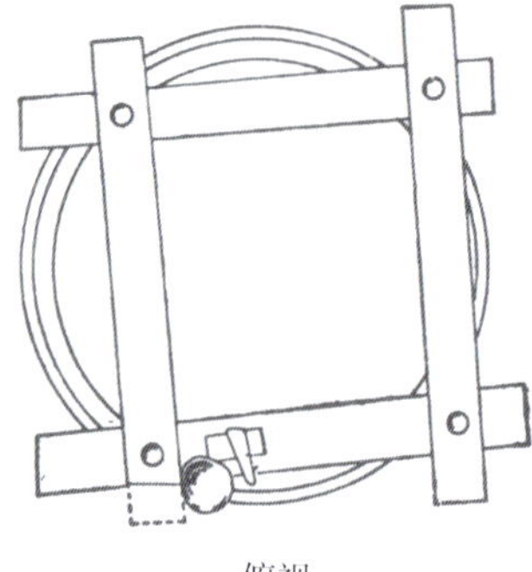

俯视

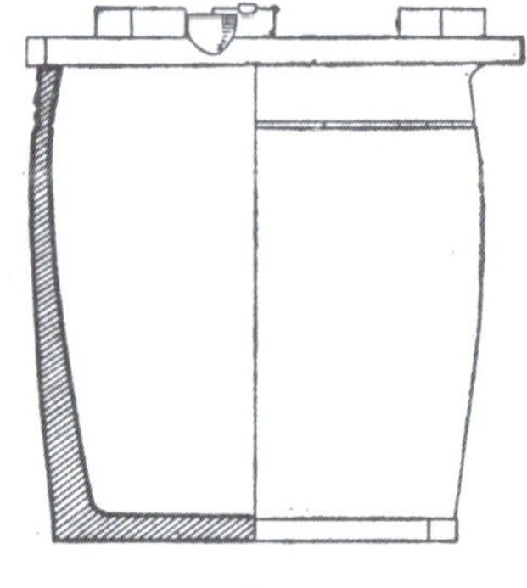

剖面

123

陶井　东汉后期

口径17.5厘米　底长16厘米　通高22厘米
1955年先烈路十九路军坟场附近出土

灰陶质。分井架、井栏、地台三部分。井栏圆直如筒，通体无纹饰。地台方形较狭，仅突出四角，每角处均有一个圆孔。井栏上平置一个“井”字形井架，架上四角均有小孔，与地台上的小孔成垂直，可能用于安装支撑井亭的木柱。在井架其中一条边上，有陶水缸和疑似陶灶各一（因灶身部分残缺，不能确定）。这种直筒造型陶井在广州汉墓出土不多，多见于西安、洛阳、南阳等地出土陶井。有“井”字形井架的陶井在广州汉墓也非常少见，造型上与洛阳出土的具有仿木十字交搭接头的方形陶井有相似之处。

124
陶井　东汉后期

长18厘米　宽17.8厘米　通高21.7厘米
1956年小港路大元岗出土

灰陶质。长方形井栏，井口四角作出仿木十字交搭的接头，口沿处立四根陶柱，上覆四阿式顶井亭。井亭短脊上卧着一只展翅欲飞的飞禽。方形井栏的陶井在广州汉墓出土很少，造型上与河南出土的仅有井栏的长方形陶井有相似之处。不过，中原地区的方井栏陶井在井口一般搭建井架，而广州汉墓出土的此件方形陶井却是在井口立四柱井亭。这是一件融合汉代中原制作工艺和岭南建筑特色的陶井。

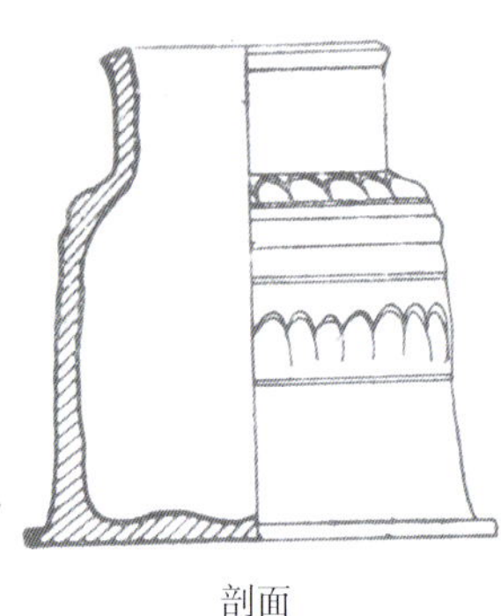

剖面

125

划水波纹陶井　东汉后期

口径10.5厘米　底径16.5厘米　高17.2厘米
1954年先烈路黄花岗出土

红陶质。高束颈，直筒腹，肩部和腹部有多道弦纹，间饰水波纹。圆地台，地台较窄，地台上无柱础，亦无井亭。

126

划水波纹陶井　东汉后期

口径11.4厘米　底径18.4厘米　通高18.2厘米
1956年先烈路惠州坟场出土

灰陶质。束颈，直腹。肩、腹部有多道弦纹，间饰双线水波纹。圆地台，上有四个方形柱础。方形井亭，四阿顶，刻划瓦垄纹，四条垂脊斜出，中间短脊有鸱尾造型。

127

刻水波网格纹陶井　东汉后期

口径12厘米　底径20厘米　通高16.7厘米
1953年先烈路龙生岗出土

灰陶质。束颈，直腹。纹饰丰富，颈、肩、腹部以弦纹作分界，颈部刻划双线划水纹，肩部饰双线水波纹，腹部布满双线菱格纹。纹饰内多刻划“‖”记号。圆地台，方柱础，有柱穴。井亭四阿顶，无装饰瓦垄，四条垂脊和中间短脊均饰鸥尾造型。

128

陶井　东汉后期

口径13.5厘米　底长20厘米　通高17.5厘米
1954年先烈路红花岗出土

灰陶质。敞口，圆弧腹。方形地台，有四个方形柱础和柱穴，无柱。方形井亭，四阿顶塑出瓦垄。

129

刻水波纹陶井　东汉后期

口径12.6厘米　底径20.7厘米　通高17.1厘米

1957年先烈路十九路军坟场附近出土

灰陶质。敞口，束颈，圆鼓腹，肩腹部饰宽弦纹和双线水波纹。圆地台，上有四个方形柱础和圆孔，无柱。四阿顶井亭，饰瓦垄，垂脊和中间短脊均饰鸱尾。

130

刻网格锯齿纹陶井　东汉后期

口径12.6厘米　底径23.5厘米　通高15.5厘米
1955年小港路大元岗出土

灰红陶。敞口，束颈，直腹，肩部有凸棱，刻划弦纹，饰曲折纹。腹部饰弦纹和双线菱格纹，内刻划“川”记号。圆地台，有四个方形柱础和圆形柱穴，无柱。上覆井亭，井亭四阿顶，有瓦垄和瓦片纹饰，垂脊和短脊均无鸱尾。

131

刻水波网格纹陶井　东汉后期

口径14.4厘米　底径23.8厘米　通高20.1厘米
1954年小北登峰路蚧岗出土

灰陶质。敞口，束颈，直腹。颈部饰弦纹，间饰一圈划水纹。肩部饰水波纹和划水纹。腹部饰双线菱格纹。圆地台，上有四个方形柱础和圆形柱穴。无柱，四阿顶井亭，饰瓦垄，中间短脊饰鸱尾。

132

刻网格纹陶井　东汉后期

口径13.6厘米　底径24.5厘米　通高19厘米
1956年新港路赤岗出土

灰陶质。束颈，鼓腹。肩、腹部刻划弦纹，间饰曲折纹和双线菱格纹，内刻划“‖”和“川”记号。圆地台，上有四个方形柱础和圆形柱穴，柱础较高。无柱。圆形井亭，中间短脊为两端上翘的鸱吻造型。广州汉墓出土不少储存粮食的陶囷，其建筑屋顶为圆形，而出土的陶井中，圆形井亭非常罕见。

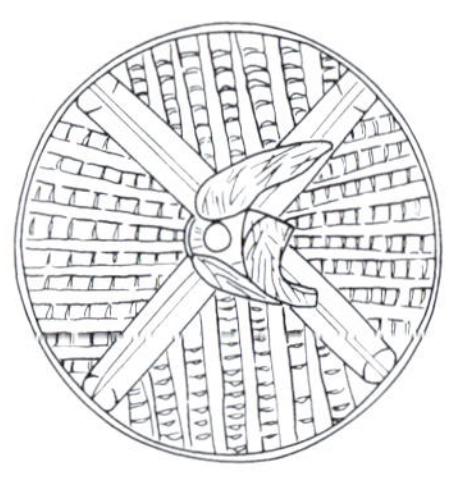

俯视

剖面

133

刻水波网格纹陶井　东汉

口径14厘米　底径19.4厘米　通高15.1厘米

2001年番禺三把岗出土

灰陶质。质硬，黄褐釉，釉色不均。井栏呈罐状，束颈较长，口沿不平，井栏折沿，溜折肩，直腹，平底内凹。圆形地台，四柱础。井栏肩部施弦纹，间饰水波纹和“‖”记号。腹部饰双线菱格纹。井亭盖不平整，坡面饰瓦楞状纹。十字交叉脊，中心处立一飞禽，头残。

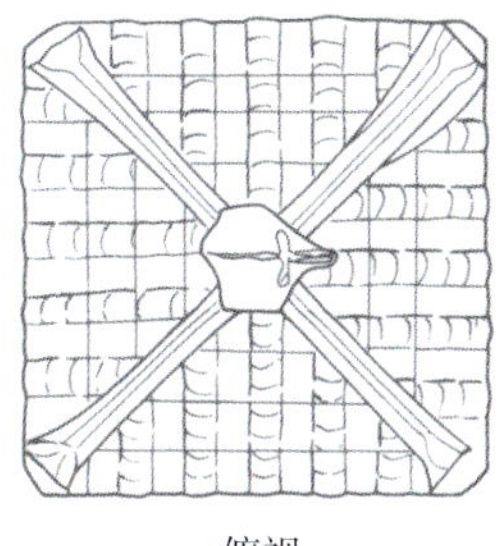

俯视

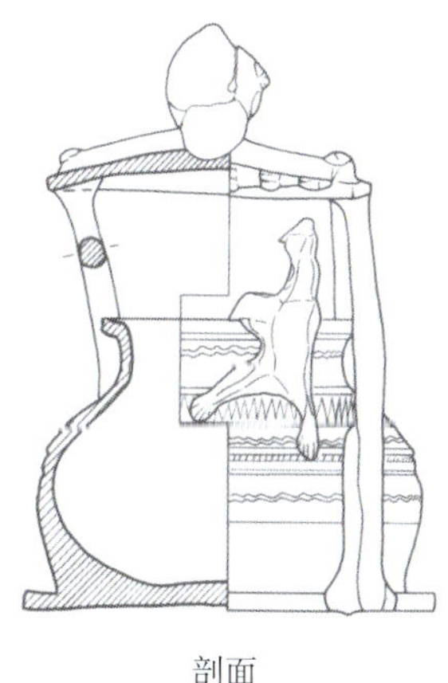

剖面

134

刻水波纹陶井　东汉

口径11厘米　底径18.5厘米　通高25.2厘米
2001年番禺三把岗出土

灰陶质。质地硬实，周身施酱绿釉，釉色不均，地台上有聚釉。有井亭和地台，其间立柱。井亭为攒尖顶，施瓦楞状压印纹，交叉十字脊立一展翅飞翔的飞禽。井亭下四角接柱，与圆形地台相连。井栏口为方唇，折沿，近直口，束颈，溜折肩，圆腹，平底微内凹。一戴笠俑面向井口，趴在井栏边，右臂残，左臂伸入井口，似在汲水。颈、肩、腹部饰弦纹，间饰水波纹、曲折纹等纹饰。

第三节　陶水田

先秦时期，岭南农业尚处在“火耕水褥”的粗耕阶段，“以渔猎山伐为业”，主要生产工具是磨制的石器。秦平岭南后，中原为岭南地区带来了先进的技术，特别是铁器的使用和牛耕的推广，大大推动了岭南农业的发展。南越国时期，赵佗执行重农政策，积极引进铁质农具和牛、马等耕作牲畜，改变岭南地区落后的耕作方式，提高农业生产效率，起到很大的促进作用。两汉时期，随着锸、锄、镰等铁质农具的普遍应用，北方耕牛的不断输入，岭南地区农业已逐渐摆脱“火耕水耨”的落后局面，走向精耕细作的道路。

广州汉墓出土的陶水田模型反映了当时农业生产的情况，是直观了解汉代岭南农业状况的宝贵实物资料。20世纪50年代至今，广州汉墓出土的陶水田模型主要分布在广州番禺市桥沙头龟岗M10、M16墓和广州沙河太平岗M5081等东汉晚期墓中，数量不多，但陶水田模型上呈现的汉代岭南农业耕作方法、收获方式、种植技术、农田灌溉等方面的内容，为我们了解汉代广州农业发展水平提供了丰富的信息。广州博物馆藏沙河太平岗汉墓出土的1件陶水田模型，红黄陶质，近正方形，四周有田埂，中间有4条田埂将水田平均分为4块，平面如“田”字，形制十分规整，形象再现了汉代岭南地区水田的面貌。

岭南考古发掘中发现的古代农田遗址很少，广州汉墓出土的陶水田模型真实重现了汉代岭南人民田间劳作生产场景，是研究汉代岭南地区农业生产状况的重要实物例证，对研究汉代岭南农业历史具有重要史料价值。

135

陶水田　东汉后期

长27厘米　宽25厘米　高1.6厘米
1957年沙河太平岗出土

红黄陶质，松软，无釉。近正方形。四周有田埂，中间有四条田埂将水田平均分为四块，平面如“田”字。出土时，其中三块水田内各有一个耕作的陶俑，现已缺失。

第四节　陶船

广州地区负山临海，水上交通便利，自秦汉以来一直是我国岭南地区一个重要的河港兼海港，其所处的珠江三角洲河网密布，利舟楫之便是当地居民生产生活的重要特色。

舟船作为古代广州人们出行的主要交通工具，其模型大量出现在广州汉墓中。据统计，广州地区出土的汉代船模共有22件，广州附近的佛山澜石、德庆高良也各出1件。有陶制和木制的，其中西汉时期船模8件，皆木船模型；东汉时期16件，除1件为木制外，其余均为陶船模型。这些船模的出土是当时岭南地区造船与航运交通发达、商业贸易繁荣的反映。

广州博物馆收藏有3件陶船模型，均为东汉时期，其中2件为红陶船，1件为灰陶船，此3件陶船有个共同点，首尾狭、中部宽，首尾高、中部低平。其中1954年先烈路红花岗出土的红陶船（见P194图138）结构略为简单，身短而宽，适宜一般浅窄河道上行驶，属于内河货艇。而广州博物馆藏1955年先烈路十九路军坟场出土的灰陶船（见P192图137）结构复杂，前有锚后有舵，两舷有瞰板，分多个舱，附设梁担等。船上共有6人，科学家按照这些人的身高比例推算，这艘陶船模型所仿照的船大约有20米长、5米高，且船的甲板上还布置有6组矛和盾，可见这是一艘在广州一带内河兼近海航行、有着武装保护的客货两用运输船。在船的两舷设置了瞰板，不仅可以用作撑篙船员的通道，还可增加船的浮力。尾部装设了舵，其作用在于控制船的方向。该船的出土证实了中国早在汉代就发明和实际使用了船尾舵，早于欧洲1000余年。舵的发明和使用，是我国在造船和航海技术方面的重大成就，对世界航海事业的发展有不容忽视的影响。

136

陶船　东汉

长37.3厘米　宽16.8厘米　残高7.8厘米
2001年番禺南村镇员岗出土

红陶质。质软。残。船体短而宽，无篷顶，底平，首尾翘起。

侧视

俯视

侧剖面

平剖面

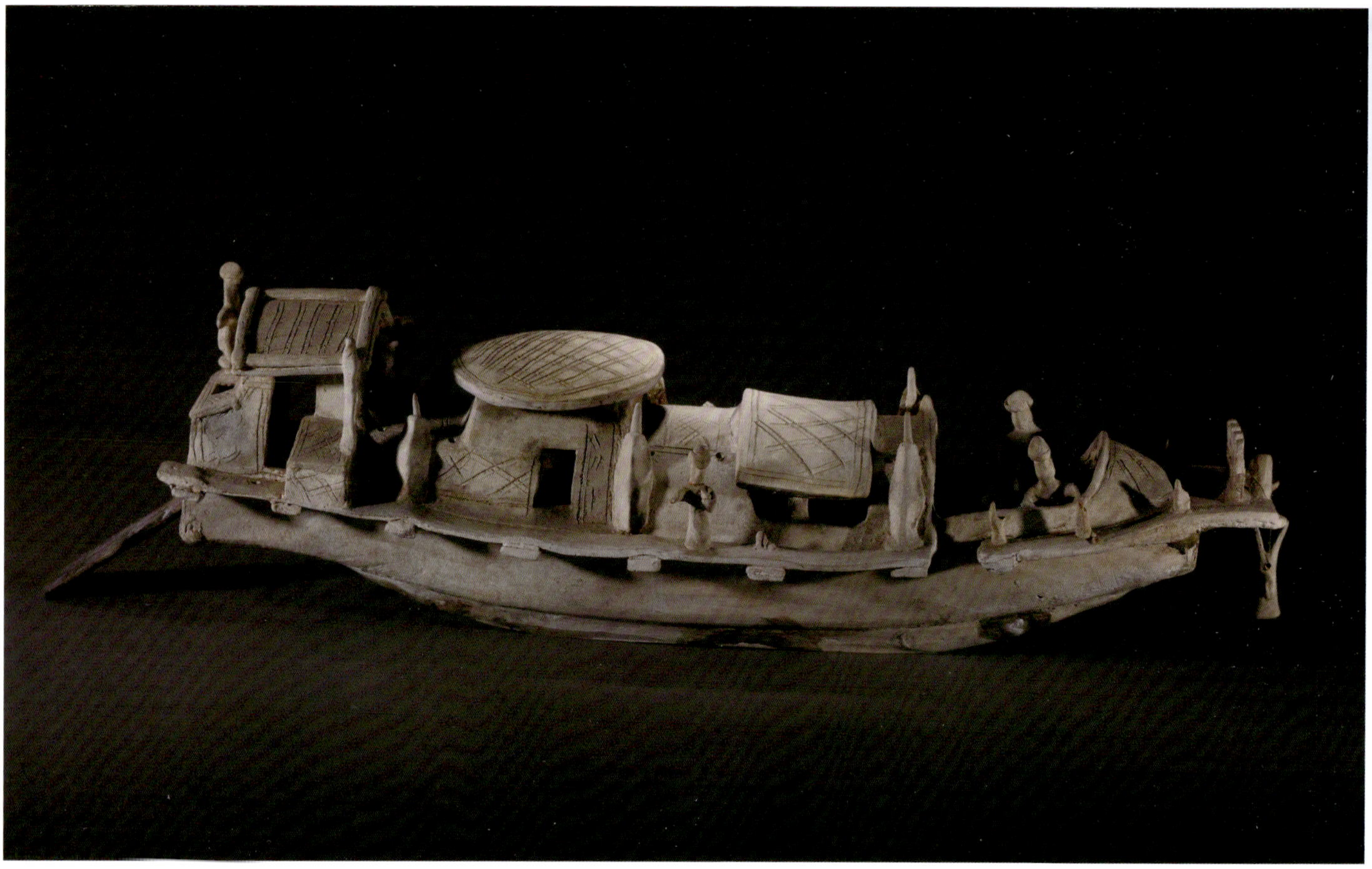

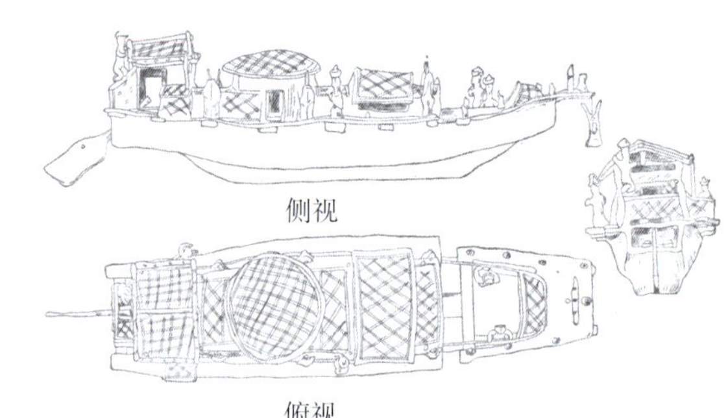

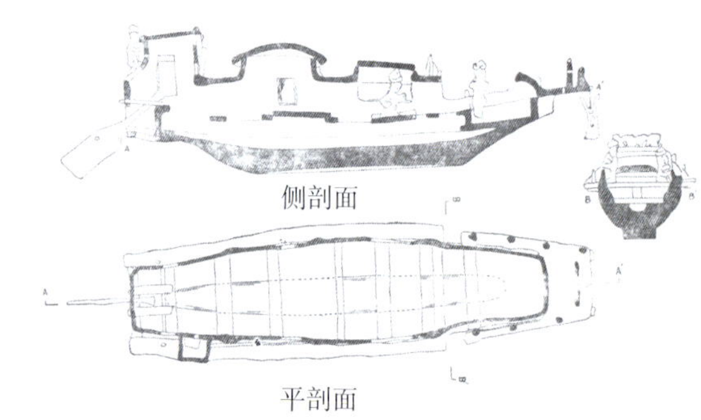

137

陶船（复制件）　东汉

长54厘米　前宽8.5厘米　中宽15.5厘米　后宽11.5厘米　高16厘米

1955年先烈路十九路军坟场出土，原件现藏中国国家博物馆

灰陶质。船作长条形，首尾狭，中部较宽。船首处两旁安插桨架三根，舱内横架梁担八条，以加强船体结构的牢固及加深吃水量。船内分前中后三舱（后舱即舵楼），舱盖均刻划斜方格纹。前舱矮而宽，篷顶是两面坡形；中舱略高，呈方形，篷顶圆形微凸，两侧各有一门，便于人员出入；后舱特高，稍狭。船的尾部为一特矮小的尾楼，后舱右侧附一小间，有门互通。船前有锚，船后有舵，两舷为司篙的走道。船上有六个人。一人两手持圭形物一件，匍匐于地；在船前侧的一人，倚栏而立，作凭栏远眺的神态；尾楼处一人，跪于篷盖之上，人缺上半。其余三人分立于两边走道和前舱内，在右边走道的人，左手抱一物，右手外扬，作慢步走的姿势。

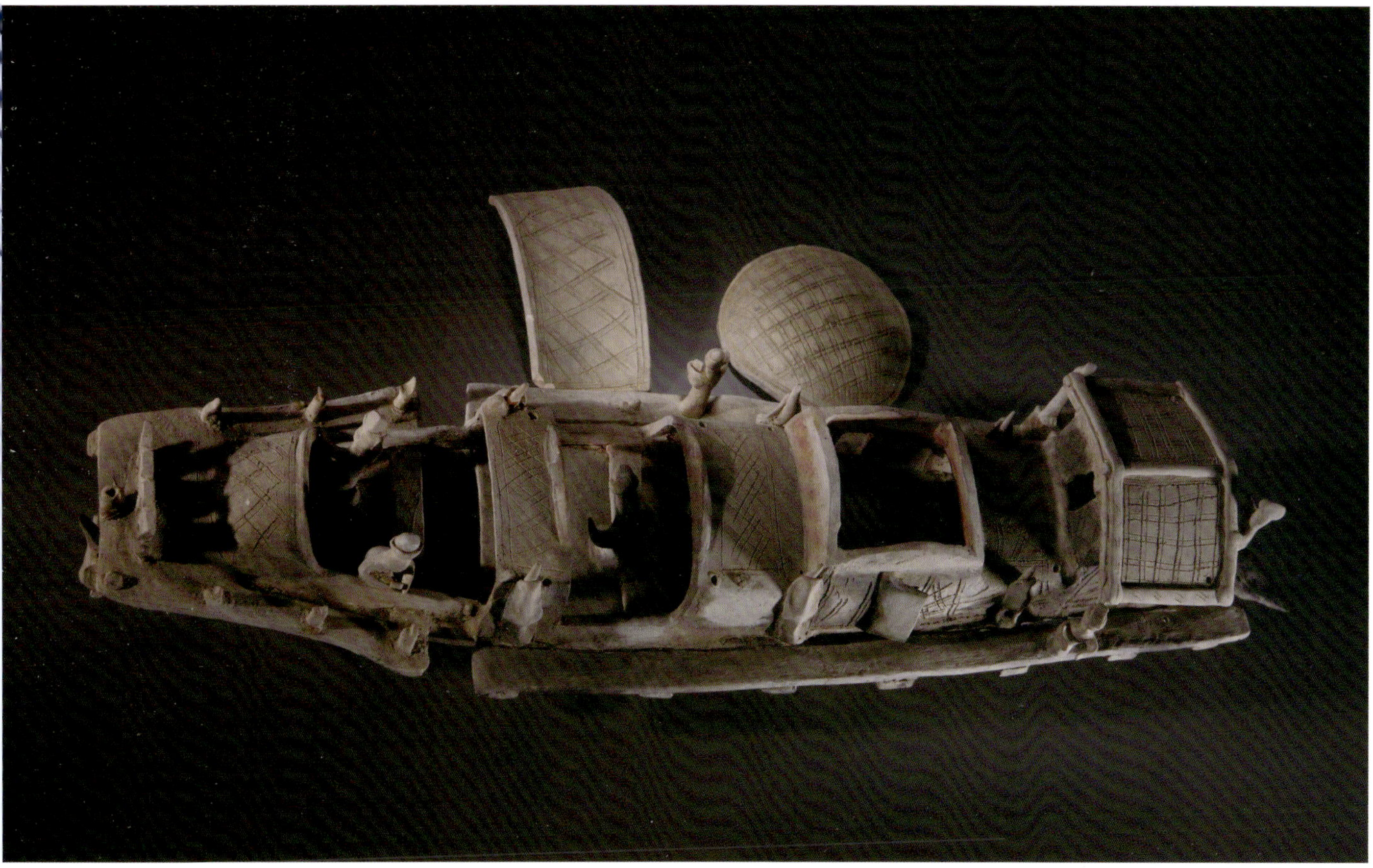

138

陶船　东汉后期

长42厘米　宽18.5厘米　高17厘米
1954年先烈路红花岗出土

红陶质。船体稍短而宽，首尾狭，中部宽。两舷上横架梁担，梁担之上有立柱以置篙。舱设于船中部，较长，拱形篷顶当中揭开，篷顶残缺，露出篷顶的骨架。四人分立篷盖边，作撑篙状。这是一艘内河运输使用的简易货船。

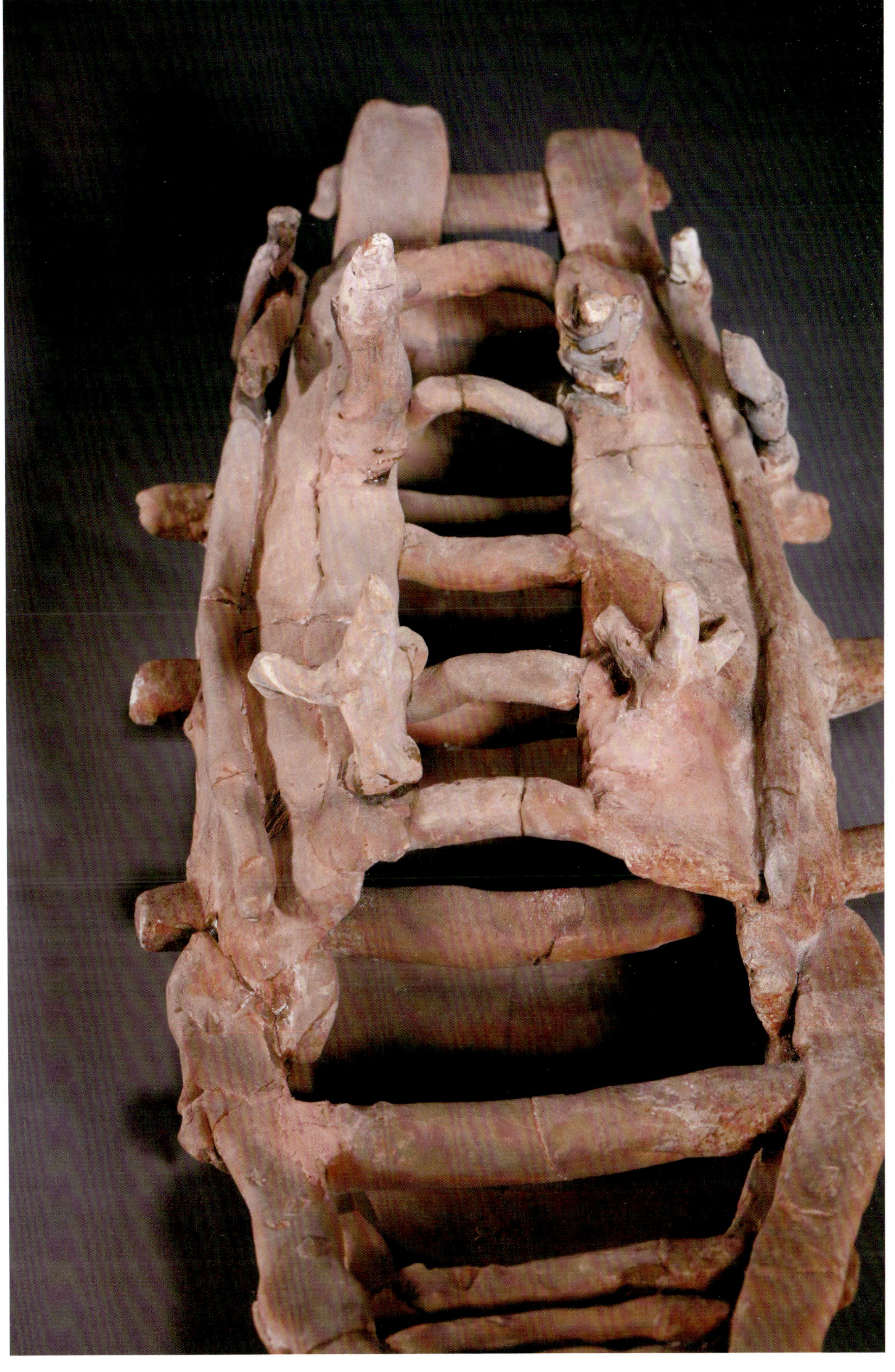

第三章 人物

第一节　劳作俑

本部分共收录劳作俑17件，均属东汉时期。劳作俑是从事各类劳作活动的陶俑，数量丰富，反映了多种生产劳动场景。

东汉时期，豪强地主在地方上拥有强大的政治、经济势力，形成了自给自足的庄园经济。庄园经济的发展，使墓葬制度也发生改变。东汉中后期，反映世俗生活的陶俑如从事田间劳动的农耕俑，从事家务劳动的庖厨俑，执箕帚、提鞋、执镜、持扇、献食等家务俑及背儿、携童、哺乳等育儿俑成为墓俑的主流。

汉代劳作俑既注重写实，又兼顾人物神韵的刻画，作为随葬明器不但表现了汉代的丧葬文化习俗，也反映了当时真实的社会生活百态，同时具备汉代雕塑艺术独特的美感。它们从一个侧面真实而生动地反映了当时政治、经济、文化、艺术的发展。

139

陶立俑　东汉后期

高17.7厘米
1955年先烈路十九路军坟场附近出土

灰陶质。俑穿短袖衣，手臂突出，长裙及地，双乳突出，胸前划交叉线纹以示披纱，下身着长裙如纱笼，头部缠巾，右手托盘，置于肩上，盘内盛着点心，右手似正向前摆动，身体微微向前倾，似正在行走的姿势。

140

陶立俑　东汉后期

高16.5厘米
1955年先烈路十九路军坟场附近出土

红陶质。俑穿短袖衣，手臂突出，长裙及地。胸前划交叉线纹以示披纱，腰部加束一带，下垂，交结于前，下身着长裙如纱笼，双手前拱，头上缠巾已脱。

背面

正面

侧面

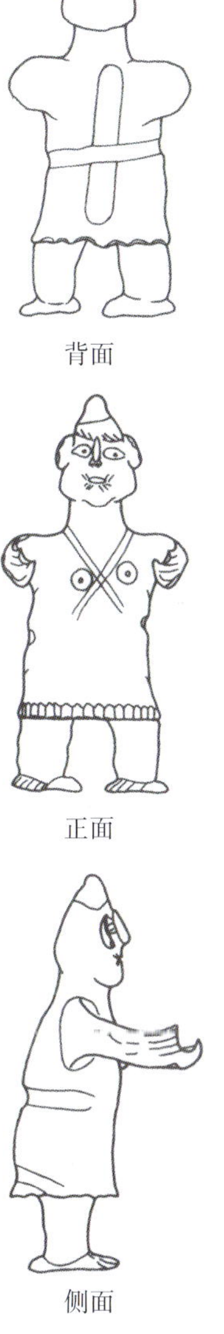

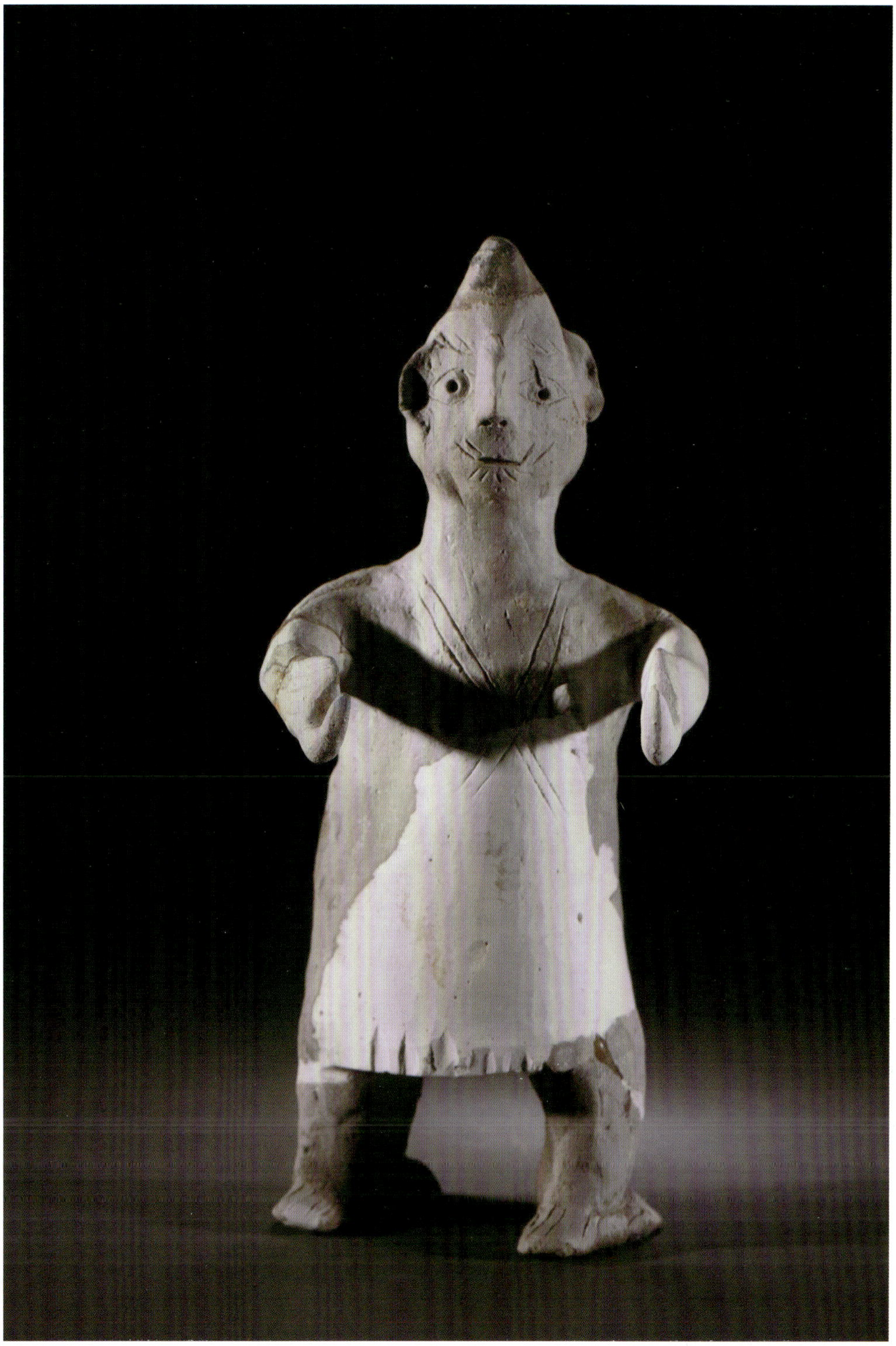

141

陶立俑　东汉

高17.2厘米　宽7.5厘米
2001年番禺南村镇员岗出土

灰陶质。俑前襟下摆及左臂残，头呈三角形，发髻高耸，双目圆睁，直视前方，口部有损。双乳挺立，两臂前伸，双腿直立，着袍，衣服下摆至膝盖处，胸前有衣样的划线，足着靴。

142

陶立俑　东汉

高16厘米

2001年番禺南村镇员岗出土

灰陶质。俑双耳穿孔，口半开，有须，双手张开摆放于胸前作讲话状，下摆为喇叭形。周身用划线表示衣服式样。

143

陶立俑　东汉

高17.5厘米

2001年番禺南村镇员岗出土

灰陶质。俑无冠，双耳穿孔，口半开，有须，双手张开置于胸前，着袍，双腿分开，下摆为喇叭形。周身用划线表示衣服式样。

144

陶立俑　东汉

高16厘米

2001年番禺南村镇员岗出土

灰陶质。俑无冠，口半开，脑后划细线表示披发，左臂弯曲，左手摊开置于胸前，右臂残，下摆为喇叭形。周身用划线表示衣服式样。

145

陶立俑　东汉

高17厘米

2001年番禺南村镇员岗出土

灰陶质。俑无冠，口半开，脑后划细线表示披发，左臂弯曲，左手摊开置于胸前，右臂残，下摆为喇叭形。周身用划线表示衣服式样。

146

陶立俑　东汉

高17.8厘米
2001年番禺南村镇员岗出土

红陶质。塑出头、手和身轮廓，手残。

147

陶立俑　东汉

高15.5厘米
2001年番禺南村镇员岗出土

红陶质。俑无冠，双臂置于胸前，双手断，双足伸出袍外，周身用划线表示衣服式样。

148

陶立俑　东汉

高17厘米
2001年番禺南村镇员岗出土

红陶质。俑无冠，双臂置于胸前，双手断，双足伸出袍外。周身用划线表示衣服式样。

149

陶立俑　东汉

高16.5厘米
2001年番禺南村镇员岗出土

红陶质。俑头戴斗笠，面部画出简易五官，左手上曲置于左肩下，右手半握放于下腹部。脚面用划线纹表现出五趾，斗笠用划线纹表示出编织状，周身用划线表示衣服式样。

152

陶立俑　东汉

高14.8厘米
2001年番禺南村镇员岗出土

红陶质。俑双耳穿孔，口半开，双手张开摆放于胸前，着袍，下摆为喇叭状。周身用划线表示衣服式样。

背面

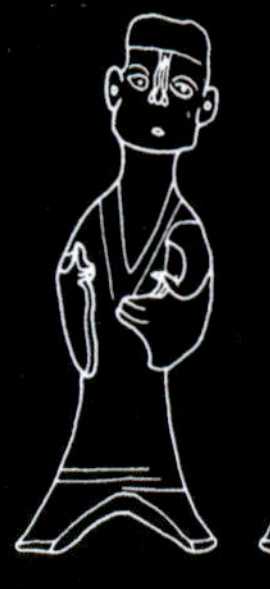

正面

侧面

153

抱婴女陶立俑　东汉

高17.3厘米　底径8.5厘米
2001年番禺南村镇员岗出土

红陶质。俑发髻盘起，双耳戴环，脑后以划线表示头发，双乳突出，怀中双手抱一婴儿。婴儿右手放于女俑左胸上，正在沉睡。

正面　　侧面　　背面

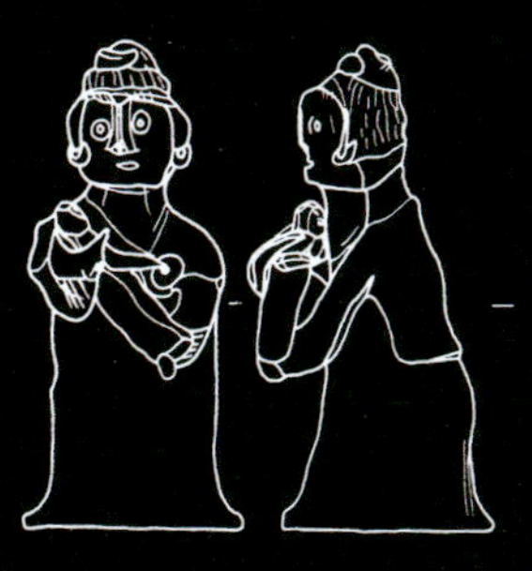

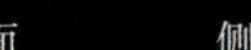

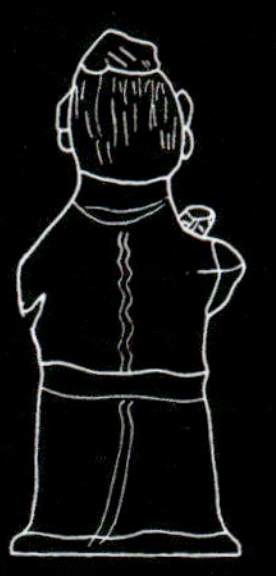

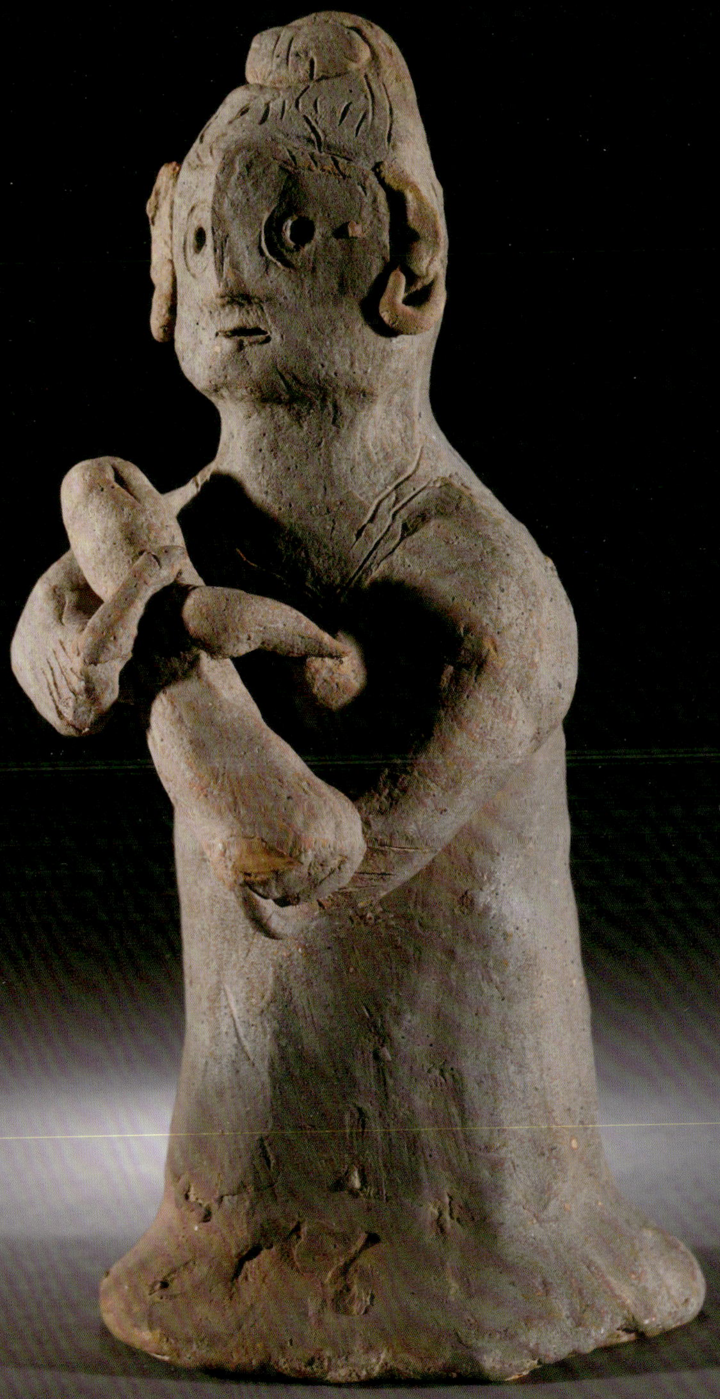

154
陶舂米俑　东汉

高14.4厘米
1956年永泰坑出土

灰陶质。俑头束髻，眼鼻刻划，左腿抬起作踏碓状，右腿直立，站于陶碓上。

155

陶簸米俑　东汉

高14.2厘米
1956年永泰坑出土

灰陶质。俑头束髻，眼鼻刻划，手中拿着簸箕作簸米状。

第二节　乐舞俑

本部分共收录乐舞俑8件，时间均为东汉后期。

乐舞俑造型比较生动，头上梳髻，头饰精美。衣袖宽，袖口窄长而下垂。舞裙上束下宽，呈喇叭形。乐俑头戴高冠，作抚琴或击掌状。

随着经济迅速发展，国家富足，人们乐于享受，“角抵百戏”兴旺起来。汉武帝、汉昭帝、汉宣帝时，百戏就深受皇室喜爱，在民间也很流行。东汉初年，光武帝恢复生产重视农耕，使西汉末受到破坏的经济迅速恢复起来。东汉都城洛阳的百戏，更胜过西汉的长安。百戏成为社会普及的娱乐活动，汉画像石中有大量杂技百戏活动场面的描绘。因此从西汉中后期至东汉前期，这两个地区的墓葬中出现大量各种造型生动的歌舞乐伎俑。这一风俗也影响到地处岭南的广州地区。相较于西汉陶俑中兵俑、仪仗俑的表现主题，东汉陶俑的主题更偏向于世俗生活，在整体气势上摆脱了西汉陶俑的严肃和沉重。东汉陶俑以写意为主，注重人物内在的精神气韵，造型简洁概括，不注重比例结构，对细节不过分雕饰，手法夸张，表现出古朴浑厚、夸张生动、简洁传神的特色。

156

陶坐俑　东汉后期

底长11.2厘米　宽7.8厘米　高19.8厘米
1955年先烈路十九路军坟场附近出土

灰陶质。头戴三角形冠，两手拱于胸前，两袖宽大下垂，作跪坐状。

157

陶乐俑　东汉后期

左：高14.8厘米　中：高15.5厘米　右：高15.2厘米
1955年先烈路十九路军坟场附近出土

灰陶质。皆戴高冠，胸前斜束两带。中间者身前置一琴，两手按琴上，作弹奏状；旁边两俑两手伸出，似在击掌。

158

陶舞俑　东汉后期

高37.6厘米　底径17.5厘米
1955年先烈路十九路军坟场附近出土

灰陶质。原施彩绘，已脱落，仅留若干黄白色的素地及衣裙的蓝色镶边。右手在前，左手反旋于后，口微张开，作歌舞状。头上结三丫髻，中髻插两簪，左右髻各插簪三支，前面贴四瓣形的花钿四朵，发下额间束带，带上分垂五扣，髻的左右尚有类似簪扣的印痕两处，已缺失。耳上带花形耳环一对，耳环正面作菊花形，中一平蕊，外围八瓣，环圆形扣达耳后，环上镶嵌圆珠八颗。上衣无领，口缘处镶花边，胸前为人字形，亦镶贴花边。后面当中开口，两旁斜列似纽扣形状的刻纹十八对。袖宽，袖口窄长而下垂。裙上束下宽成喇叭筒形，分三幅，前面正中为一小幅，左右两大幅缠至背后，裙幅斜交，其边缘处均镶蓝色的边饰，裙脚的边上有篦纹。

159

陶歌舞俑　东汉后期

左：高21.8厘米　中：高22厘米　右：高23.5厘米
1956年先烈路广州动物园麻鹰岗出土

灰陶质。立像。仪态端庄，眉目划出，头梳发髻，其中二俑发尾垂向右边。身穿长衣曳地，胸前刻划衣衽，两手拱起作持物状。

第三节　托灯俑

本部分共收录托灯俑14件，时间跨度从西汉后期到东汉后期。根据姿势可分为单手托灯盘式胡人托灯俑、手头并用式胡人托灯俑、头顶灯盘式胡人托灯俑，俑的形象皆跣足，多数深目高鼻，捏出或刻划出络腮胡须。也有的宽鼻厚唇，有的缠头巾，有的带耳环，外貌及装扮体现了不同族属、人种的特征。托灯俑的立体造型和体态表现结合，加强了俑像的空间感。尽管托灯俑是静态的，但仍表现出开放、延展、运动的艺术风格。

西汉中期开始出现单手托灯的胡人托灯俑和头顶灯盘并用手扶的胡人托灯俑，之后经过漫长的发展历程逐渐衍生出头顶灯盘并手托灯的胡人托灯俑和头顶灯盘的胡人托灯俑，形态各异，人俑的表情和动作也多种多样。人俑从前期的瘦弱到后期逐渐演变为臃肿肥胖的身躯，神态也从早期的面目模糊、较为严肃演变为吐舌、仰视、微微张嘴等轻松惬意的神情。由此可见这种托灯俑长期存在于汉代岭南地区，并作为重要的陪葬品用于权贵富豪的墓中，在岭南地区存续及使用时间较长。

广州汉墓出土的俑座灯位于主人棺具的前后处，很可能是汉代达官富人来自海外的家奴的形象，为其主人掌灯。胡人托灯俑一方面反映了岭南地区继承了中原地区“事死如事生”的丧葬文化，另一方面也体现了广州地区作为商贸港口在两汉时期的对外文化交流，是中国秦汉时期海上丝绸之路形成的重要物证。

160

陶托灯俑　西汉后期

高20.5厘米　底最长14厘米　灯口径10.2厘米
1957年小港新村刘王殿出土

灰陶质。俑头小，身躯粗壮。头上束发，深目高鼻，舌头吐出，脸部刻划胡须，左手特粗，托一灯盘，右手按于足上。

161

陶托灯俑　西汉后期

高20厘米

1955年小港路大元岗出土

灰陶质。俑座塑工较草率，面目不大明晰，突乳，双手托灯置于头上，灯盘周壁镂出长方形的条孔，双足后屈跪地，跣足，无衣纹。

162

陶托灯俑　西汉后期

灯盏口径10.4厘米　高24.8厘米
1956年小港路大元岗出土

灰陶质。俑束发椎髻，高鼻，下颌有须。裸体跣足，遍身刻划毛发。左手粗健，高举托灯。眼突出，张口吐舌，头向左仰视灯盘。左足前踞，右足后屈，作半跪坐姿势，右手按在右膝上。

163

陶托灯俑　西汉后期

高13.7厘米

1955年小港路大元岗出土

灰陶质。突眼如一颗扁圆珠状，高鼻，下颔有须。裸体，跣足。箕踞而坐，头上顶灯，举右手托灯底，左手作拈须状，灯盘较大，与俑体的比例很不相称。

164

陶托灯俑　西汉后期

底长11厘米　高15.4厘米
1958年登峰路游鱼岗出土

红陶质。突眼，口微张，胸部宽厚，贴两突乳。右手上举，头上灯盘及双手已残缺，右足上曲，左足在前盘屈向右方。

165

陶托灯俑　西汉后期

高21厘米

1955年小港路大元岗出土

红陶质。俑头顶灯盘，因修饰盘下的粘合面时抹平部分面目，故五官不明显。裸体，挺腰，胸平狭，乳矮平，下腹肥圆。以左手扶灯，右手下垂接于右足跟处，双膝跪地，跣足。

166

陶托灯俑　东汉前期

底最长9.5厘米　高20.6厘米
1957年东山象栏岗出土

红陶质。俑座面目模糊，发束于前额，下颔有须，右足上曲，左足屈跪于后，作半跪坐的姿态。头上托着灯盘，右手高举扶灯，左手按于膝盖。

167

陶托灯俑　东汉前期

高19厘米

1955年小港路大元岗出土

灰陶质。俑座双足后屈，跪坐于地，右手下垂，已断，左手向上曲举托灯。头缠巾，顶上亦托一灯盘，眼睛突出，下颔有须，张口作语状，两耳戴环，胸前腹部及大腿均刻划毛发。

168

陶托灯俑　东汉后期

高28厘米
1956年先烈路惠州坟场出土

红陶质。躯体肥胖，手臂、胸腹及腿上均刻划毛发，突乳、跣足，右足盘屈，左足上曲，左手按膝盖上，右手作叉腰状。高鼻，双目睁圆上视，舌头吐出唇外，口的上下均刻划须纹，头缠巾，托灯盘。

169

陶托灯俑　东汉后期

高30厘米
1957年先烈路广州动物园麻鹰岗出土

红陶质。俑作蹲坐状，两手相握置于膝上。手臂及腿均刻划毛发，身上刻划交叉线纹以示衣带，突乳。头上缠巾托灯，深目高鼻，眉目胡须均以刻划纹表示，口微张开。

170

陶托灯俑　东汉后期

最长14厘米　高27.5厘米
1958年登峰路游鱼岗出土

灰陶质。俑体肥胖，鼻高而尖，眉目划出，并刻划络腮胡子状线纹，粗颈。胸前划交叉线纹的衣带，双足交叠而坐。左手按膝，头缠巾，托灯，右手举起作扶灯的动态。

171

陶托灯俑　东汉后期

最长12.5厘米　高25厘米
1957年沙河交通学校出土

灰陶质。俑大眼，鼻尖而高，划出络腮胡须。体肥，划衣带纹，交脚而坐，双手按膝上，头缠巾，灯盘缺失。

172

陶托灯俑　东汉后期

底最长10厘米　高22.5厘米
1954年小北登峰路蚧岗出土

灰陶质。身躯和四肢较瘦。箕踞而坐，双手按膝。头缠巾，上置灯盘，眉目划出，下颔刻划出稀疏的几道须纹。

173
陶托灯俑　东汉后期

直径10.3厘米　高28.2厘米
1956年东山三育路出土

灰陶质。俑头上缠巾托灯，面微向上昂起，深目高鼻，口微张开略带微笑，口的上下划须。身躯肥硕，肌肉突出，遍体划出毛发。双足上曲箕踞蹲坐，两手按膝盖上。

第四章 动物

第一节　家畜

本部分包括牛俑11件、狗俑2件、猪俑6件、羊俑4件，时间从西汉前期到东汉后期。

汉代牛的养殖量很大，牛的一大用途是用于耕地。中原地区的牛耕在春秋战国时大致已经兴起，岭南地区大约在汉代才开始出现。汉武帝时期搜粟都尉赵过教人牛耕，影响较大，后也有被派遣至岭南地区的官员推行牛耕。牛的大量饲养还与人们普遍喜好牛肉有关。除此之外，由于牛是体型较大的可食用动物，因此还具有祭祀的作用。牛的广泛饲养及应用，使得牛成为人们生活必不可少的家养动物之一，因此多将其随葬于墓葬之中。

狗因其聪明伶俐、不择食、通人性等特点，成为人类看家护院、捕猎的帮手，除此之外，还具备祭祀和食用的功能。汉代庄园经济兴起，需要狗看家护院，因此，汉代狗的饲养也十分广泛，墓葬中也常见狗俑的出现。

食用猪肉在汉代非常普遍，猪肉逐渐成为中国最主要的肉食资源之一，猪具有吉祥的寓意，在古代祭祀中猪是必不可少的祭品，猪肉在汉代还具有一些药用价值，猪的粪便多用作肥料，家中饲养猪在汉代已比较普遍，墓葬中随葬大量的猪俑。

羊因其温顺的性格，优美的体态，在古今都被赋予了吉祥、善良等许多美好的寓意。羊既可以食用，皮毛又可以御寒，因此汉代墓葬中也出现了羊俑。

广州地区出土的西汉早中期家畜俑数量较少，品种单一，西汉晚期家畜俑类型明显增多，可见西汉晚期广州地区的人们有剩余财富饲养家畜，反映经济得到了一定的发展。东汉早期经济因战乱尚未完全恢复，家庭饲养动物类型单一，仅能满足基本生活需要，但是在艺术表现上更为写实，神态上也更加传神生动。东汉中晚期家畜俑数量多，品种丰富，造型多样，形神兼备，制作水平普遍较高，刻划生动细致，反映了东汉晚期较为富裕充实的生产生活，同时也表现了人们“事死如事生”的丧葬观念。大量的家畜制作成模型放入墓中，其用意在于显示墓主人财产的富有和六畜兴旺的繁盛景象。

174

陶卧牛　西汉后期

长32厘米　高16.6厘米
1955年小港路大元岗出土

红陶质。作伏卧状。头朝左边微倾，面部塑造细致，耳鼻均为捏造而成，面部轮廓明显，犄角细长微弯，背部高耸，颈部肥大，身体健壮肌肉线条流畅，尾巴上卷。前后蹄塑造的十分细致，已经分蹄。

175

陶牛车　东汉后期

车长16.6厘米　高13.5厘米　轮直径19.1厘米　牛长24.2厘米
高12.5厘米
1954年先烈路黄花岗出土

车为灰陶质，牛为红陶质。车箱呈长方形，拱形篷盖。安插辕木的位置不在车底，而是在车箱底部前段的两侧各有一个长方物突出，中有孔，以插车辕，车底无伏兔，两轮各八幅。一俑端坐车前，左手支于前栏之上，右手持物。牛的四肢甚短，形体臃肿，塑工较粗。

176

陶牛羊圈　东汉

长36厘米　宽32厘米　高21厘米
2001年番禺南村镇员岗出土

红陶质。已残缺。半房半干栏结构。屋顶只遮盖一半，另一半为干栏，内有动物俑两件。

177

陶卧牛　东汉后期

长16.5厘米　高10.5厘米
1953年先烈路孖鱼岗出土

红陶质。作伏卧状。头朝左边微倾，眼睛划出，耳鼻捏造而成，犄角细长微弯，背部高耸，颈部肥大，尾部断裂。

178

陶卧牛　东汉后期

长25厘米
1955年小港新村细岗出土

红陶质。作伏卧状。头朝左边微倾，耳鼻捏造而成，犄角短粗，嘴微张，颈部肥大，身体两侧刻划曲形线纹，尾巴下卷。前后蹄塑造细致，可分出脚趾。

179

陶卧牛　东汉后期

长23厘米　高15.2厘米
1958年黄埔大道出土

红陶质。作伏卧状。四肢盘卧于腹下，头朝左边微倾，舌头吐出，背部有凸起，犄角细长耸立，圆眼直视正前方，背部、颈部、臀部刻划表现肌肉的花纹，尾巴盘于臀部。

180

陶卧牛　东汉后期

长26厘米
1956年新港路赤岗出土

红陶质。作伏卧状。头朝左边微倾，牛角向前弯曲，牛眼刻划出，舌头外吐，四肢盘卧于腹下，身体两侧刻划曲形线纹，尾巴上卷。

181

陶卧牛　东汉后期

长23.3厘米　高11.5厘米
1957年沙河交通学校出土

灰陶质。作伏卧状。四肢盘卧于腹下，牛蹄塑造细致，背部高耸，犄角细长耸立，面部塑造生动，圆眼直视正前方，背部、颈部、臀部刻划两条线表现肌肉线条的花纹，尾巴盘于臀部。

182

陶卧牛　东汉

长16厘米　高9.2厘米
2001年番禺南村镇员岗出土

灰陶质。作伏卧状。探首，头朝左边微倾，口微张，前腿立，后腿曲，尾巴盘于臀部，背部、颈部、臀部刻划表现肌肉的花纹。

183

陶卧牛　东汉

长16.1厘米　高9厘米
2001年番禺南村镇员岗出土

灰陶质。作伏卧状。左耳残，探首，前腿立，后腿曲，卷尾，用几条划线表示肌肉。

184

陶卧牛　东汉

长17.2厘米　高9厘米
2001年番禺南村镇员岗出土

红陶质。作伏卧状。四肢盘卧于腹下，头仅见轮廓，背部、颈部、臀部有刻划表现肌肉的花纹。

185

陶卧牛　东汉

长18.5厘米　高9.3厘米
2001年番禺南村镇员岗出土

红陶质。作伏卧状。探首，头朝右边微倾，口微张，左前腿向前伸，其余腿曲，背部、颈部、臀部有刻划表现肌肉的花纹。

186

陶母猪　西汉后期

长11.4厘米

1955年小港路大元岗出土

红陶质。作侧卧状。嘴突出微张，耳朵小而立，背部有凸起，背部刻划表示鬃毛，前腿弯曲，后腿自然伸直，尾巴上卷于臀部，腹部有三只小猪正在进食，小猪造型模糊。

187

陶公猪　西汉后期

长11.5厘米
1955年小港路大元岗出土

红陶质。作伏卧状。身体肥胖，嘴突出微张，耳朵小而立，背部有凸起，背部刻划表示鬃毛，尾巴上卷于背上，尾下有肛门。

188

陶立猪　东汉后期

长19.2厘米　高11.3厘米
1953年先烈路龙生岗出土

红陶质。呈站立状。身体浑圆肥胖。头向前伸，眼、鼻为刻划，嘴突出微张，耳朵小而立，尾巴上卷于臀部，尾下有肛门，身体两侧刻划有波浪线表示身体轮廓。

189

陶卧猪　东汉后期

长22.8厘米
1955年小港新村细岗出土

红陶质。呈伏卧状。头向前伸，眼、鼻为刻划，嘴突出微张，耳朵小而立，尾巴上卷于背上，尾下有肛门。背脊刻划曲线，脖颈处的斜线表示鬃毛，身体两侧刻划波浪线表示身体轮廓。

190
陶卧猪　东汉

长7.4厘米　高3.6厘米
1965年二十一中工地出土

红陶质。呈伏卧状。头向前伸，眼、鼻、耳为刻划。

191
陶卧猪　东汉

长24厘米
1971年白云机场出土

红陶质。呈伏卧状。头向前伸，贴近地面，嘴突出微张，耳朵小而立，尾巴上卷于背上，尾下有肛门。

192
陶卧羊　东汉后期

长17.5厘米　高13.3厘米
1956年新港路赤岗出土

红陶质。呈跪卧状。头微倾，目视前方，尾巴卷于背，有胡须，羊角向头两边打开，羊角下长耳，口微张，眼、鼻为刻划，四肢折叠于身下，背和身体两侧用划线表示肌肉线条。

193

陶卧羊　东汉后期

长19.3厘米

1955年小港新村细岗出土

红陶质。呈跪卧状。头向右侧扭转，微抬，尾巴卷于背，有胡须，羊角向头两边打开，羊角下长耳，口微张，眼、鼻为刻划，背部有一道曲线，四肢折叠于身下，腹部用大波浪线表示肌肉轮廓。

194

陶卧羊　东汉

长18.2厘米　高10厘米
1960年流花桥东站出土

灰陶质。呈跪卧状。头微倾，目视前方，尾巴翘起，有胡须，羊角向头两边打开，羊角下长耳，口微张，眼、鼻为刻划，背部有一道曲线，四肢折叠于身下，腹部用大波浪线表示肌肉轮廓。

195

陶立羊　东汉

长17.8厘米　高10.4厘米
2001年番禺南村镇员岗出土

灰陶质。呈站立状。双角略残，开口吐舌双目注视前方，肌体轮廓仅用几条线纹显示。

196

陶卧狗　东汉后期

长11厘米
1954年先烈路红花岗出土

红陶质。呈跪卧状。前肢趴伏于地上，后肢弯曲于身下，头向身体右侧轻斜。眼鼻刻划，身体上刻划曲线表示肌肉轮廓。

197

陶狗　东汉

长19厘米　底宽6.6厘米
高15厘米
1980年南方日报社出土

红陶质。呈蹲立状。前肢直立支撑于地面，后肢跪坐于身下，头微仰，眼鼻为刻划，一耳残，身体上刻划有曲线表示肌肉轮廓。

第二节　家禽

本部分包括鸡俑9件、鸭俑11件、鹅俑3件，时间从西汉前期到东汉后期。

汉代饲养家鸡已经非常普遍，鸡相较于其他动物容易饲养，不需要细心照料，生存能力强。牛、马一类的动物又有其特殊的社会用途，因此鸡肉是人们饮食中较优的选择。鸡也成为当时墓葬中常见的随葬家禽。

鸭在两汉时期已在全国各地广泛养殖，尤其是在南方地区，温暖潮湿的气候适宜鸭的生长，鸭在汉代广州地区已成为主要的肉食来源之一。由于鸭的广泛养殖，广州地区普遍用鸭作为随葬品。

鹅的繁殖周期短，产蛋量高，易于饲养，对饲料的要求也不高，鹅肉味甘、益气，可入药，广州地区食鹅有着十分悠久的历史。

198

陶鸡　东汉后期

长16.2厘米　高12厘米
1953年先烈路龙生岗出土

红陶质。呈站立状。头微微向左方，刻划眼鼻，双腿位于身下，尾巴上翘，用线条刻划出羽毛状。

199

陶鸡　东汉后期

长19厘米
1955年小港新村细岗出土

红陶质。呈站立状。头向下探伸作觅食状，刻划眼鼻，双腿位于身下，尾巴上翘，用线条刻划出羽毛状。

200

陶鸡　东汉后期

长13.5厘米
1958年黄埔大道出土

红陶质。呈坐卧状。头部向右侧扭转，身型厚实，刻划眼鼻，嘴两侧有肉裾，用波浪线刻划羽毛，更加凸显羽毛的丰盈。

201
陶鸡　东汉后期

长15.3厘米　高8.5厘米
1954年金沙路凤凰岗出土

红陶质。呈伏卧状。头向下探伸，刻划眼鼻，尾部上翘，用线条刻划出羽毛状。

202
陶鸡　东汉后期

长21厘米　高9.7厘米
1957年沙河交通学校出土

灰陶质。呈伏卧状。身型厚实，头向前方，刻划眼鼻，尾部上翘。鸡冠细小，用线条刻划出羽毛状。

203
陶卧鸡　东汉

长15厘米　高11.8厘米
芳村白鹤洞采集

红陶质。呈伏卧状。身体向左方倾斜，刻划眼鼻，身型厚实，双腿位于身下，尾巴上翘，用线条刻划出羽毛状。

204
陶鸡　东汉

长15.1厘米　高7.5厘米
2001年番禺南村镇员岗出土

红陶质。呈伏卧状。引颈，头向前方，刻划眼鼻，尾部上翘，用线条刻划出羽毛状。

205

陶鸡　东汉

长16.8厘米　高8厘米
2001年番禺南村镇员岗出土

红陶质。呈伏卧状。引颈，头向前方，刻划眼鼻，尾部上翘，用线条刻划出羽毛状。

206

陶鸡　东汉

长11.5厘米　底宽7.7厘米　高9.7厘米
1991年广州市文物管理委员会移交

灰陶质。呈伏卧状。引颈，头向前方，刻划眼鼻，尾部上翘，用线条刻划出羽毛状。

207
陶鸭　西汉后期

长19.5厘米　高10.5厘米
1955年小港路大元岗出土

红陶质。呈伏卧状。目视前方，鸭掌位于身下，双翅合于身体两侧，尾巴翘起。

208
陶鸭　西汉后期

长18.5厘米　高11厘米
1955年小港路大元岗出土

红陶质。呈伏卧状。目视前方，鸭掌位于身下，双翅合于身体两侧，尾巴翘起。

209

陶鸭　东汉后期

长12.5厘米　高8.5厘米
1953年先烈路龙生岗出土

红陶质。呈站立状。身体肥胖，头向身下扭转，尾上翘，头部捏出扁嘴，刻划眼鼻，背部刻划羽翼。

210

陶鸭　东汉后期

长15厘米　高9厘米
1955年先烈路十九路军坟场附近出土

红陶质。呈站立状。头向身右侧扭转，尾上翘，刻划眼睛。

211
陶鸭　东汉后期

长20厘米
1955年小港新村细岗出土

红陶质。呈站立状。头向下探伸作觅食状，尾上翘，刻划眼鼻嘴，背部刻划羽翼。

212
陶鸭　东汉后期

长17.5厘米
1957年先烈路广州动物园麻鹰岗出土

红陶质。呈站立状。头向下探伸作觅食状，尾上翘，刻划眼鼻嘴，背部刻划羽翼。

213

陶鸭　东汉

长14厘米　高9厘米
白鹤洞广钢工地采集

灰陶质。呈站立状。回头作梳理羽毛状，身体肥胖，尾上翘，刻划眼鼻，背部刻划羽翼，形象逼真。

214

陶鸭　东汉

长12厘米　底宽7厘米　高7.8厘米
1982年跃进路出土

红陶质。呈站立状。回头作梳理羽毛状，尾上翘，刻划眼鼻，翅膀和尾部刻划羽翼。

215
陶鸭　东汉

长15厘米　高7厘米
2001年番禺南村镇员岗出土

灰陶质。呈伏卧状。头向下探伸作觅食状，身体肥硕，尾巴微微翘起，刻划眼鼻嘴，鸭掌位于腹下，背部刻划羽翼。

216
陶鸭　东汉

长16.1厘米　高6厘米
2001年番禺南村镇员岗出土

灰陶质。呈伏卧状。头向前探伸作觅食状，身体肥硕，尾巴微微翘起，刻划眼鼻嘴，鸭掌位于腹下，背部刻划羽翼。

217

陶鸭　东汉

长15厘米　高8.5厘米
2001年番禺南村镇员岗出土

红陶质。呈伏卧状。头向前探伸，身体肥硕，尾部微微翘起。

218

陶鹅　东汉后期

长14.5厘米
1954年小北登峰路蚧岗出土

红陶质。呈站立状。两腿位于身体两侧，颈部和头部弯曲至背部，头小，圆眼，喙扁平，身体上用规律的短线表示羽毛。

219

陶卧鹅　东汉

长17厘米　高8厘米
出土时间地点不明

红陶质。呈站立状。颈部向右弯曲，尾上翘，眼凸，刻划有鼻孔，身体两侧用斜线表示翅膀羽翼，颈部和尾巴均有斜划线表示羽毛。

220

陶鹅　东汉

长18厘米　底宽8厘米　高15厘米
1981年小港路大元岗出土

红陶质。呈坐卧状。伸颈昂首，尾上翘。

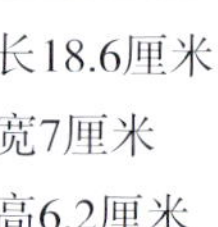

绿釉陶碓 汉代

长18.6厘米
宽7厘米
高6.2厘米

铅绿釉粮食加工陶作坊 汉代

长21.3厘米
宽13.5厘米
高11厘米

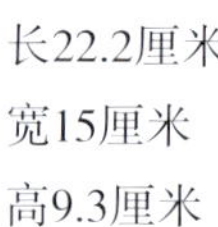

铅绿釉粮食加工陶作坊 汉代

长22.2厘米
宽15厘米
高9.3厘米

绿釉弦纹熊足陶谷仓 汉代

高41.5厘米
口径14.5厘米
底径21.5厘米

绿釉弦纹熊足陶谷仓 汉代

高42厘米
口径15厘米
底径22厘米

刻花陶井 汉代

井长24厘米
宽16.5厘米
高11.5厘米
盖长15.5厘米
宽10厘米
高5厘米

铅绿釉陶水井 汉代

高23.5厘米
口径17厘米
底径15.3厘米

铅绿釉双龙首陶水井 汉代

高46厘米
口径8.5厘米
底径17厘米